シリーズ 戦争学入門

国際関係論

クリスチャン・ルース＝スミット 著
山本文史 訳

創元社

シリーズ「戦争学入門」序言

好むと好まざるとにかかわらず、戦争は常に人類の歴史と共にあった。だが、日本では戦争について正面から研究されることは少なかったように思われる。とりわけ第二次世界大戦（太平洋戦争）での敗戦を契機として、戦争をめぐるあらゆる問題がいわばタブー視されてきた。

そうしたなか、監修者を含めてシリーズ「戦争学入門」に参画した研究者は、日本に真の意味での戦争学を構築したいと望んでいる。もちろん戦争学とは、単に戦闘の歴史、戦術、作戦、戦略、兵器などについての研究に留まるものではない。戦争が人類の営む大きな社会的な事象の一つであるからには、おのずと戦争学とは社会全般の考察、さらには人間そのものへの考察にならざるを得ない。

本シリーズは、そもそも戦争とは何か、いつから始まったのか、なぜ起きるのか、そして平和とは一体何を意味するのか、といった根源的な問題を多角的に考察することを目的としている。確認するが、戦争は人類が営む大きな社会的な事象である。そうであれば、社会の変化と戦争の様相には密接な関係性が認められるはずである。

「軍事学」でも「防衛学」でも「安全保障学」でもなく、あえて「戦争学」といった言葉を用いるのも、戦争と社会全般の関係性をめぐる学問領域の構築を目指しているからである。

具体的には、戦争と社会、戦争と人々の生活、戦争と法、戦争をめぐる思想あるいは哲学、戦争と倫理、戦争と宗教、戦争と技術、戦争と経済、戦争と文化、戦争と芸術といった領域を、理論――「横軸」――と歴史あるいは実践――「縦軸」――を文字通り縦横に駆使した、学術的かつ学際的なものが戦争学である。当然、そこには生物学や人類学、そして心理学に代表される人間そのものに向き合う学問領域も含まれる。

戦争と社会が密接に関係しているのであれば、あらゆる社会にはその社会に固有の戦争の様相、さらには、あらゆる時代にはその時代に固有の戦争の様相が現れる。そのため、二一世紀には二一世紀の社会に固有の戦争の様相、さらには戦争と平和の関係性が存在するはずである。問題は、戦争がいかなる様相を呈するかを見極めること、そして、可能であればこれを極力抑制する方策を考えることである。その意味で本シリーズには、「記述的」であると同時に「処方的」な内容のものも含まれるであろう。

また、本シリーズの目的には、戦争学を確立する過程で、平和学と知的交流を強力に推進することがある。

戦争学は、紛争の予防やその平和的解決、軍縮および軍備管理、国連に代表される国際組織によるさまざまな平和協力・人道支援活動、そして平和思想および反戦思想などもその対象とする。実は戦争学の射程は、平和学と多くの関心事項を共有しているのである。

よく考えてみれば、平和を「常態」とし、戦争を「逸脱」と捉える見方は誤りなのであろう。なるほど戦争は負の側面を多く含む事象であるものの、決して平和の影のような存在ではない。その意味において、戦争を軽視することは平和の軽視に繋がるのである。だからこそ、古代ローマの金言に「平和を欲すれば、戦争に備えよ」といったものが出てきたのであろう。

戦争をめぐる問題を多角的に探究するためには、平和学との積極的な交流が不可欠となる。戦争を研究しようと平和を研究しようと、双方とも学際的な分析手法が求められる。また、どちらも優れて政策志向的な学問領域である。戦争学と平和学の相互交流によって生まれる相乗効果が、世界が複雑化し混迷化しつつある今日ほど求められる時代はないであろう。

繰り返すが、「平和を欲すれば、戦争に備えよ」と言われる。だが、本シリーズは「平和を欲すれば、戦争を研究せよ」との確信から生まれてきたものである。なぜなら、戦争は恐ろしいものであるが、簡単には根絶できそうになく、当面はこれを「囲い込み」、「飼い慣らす」以外に方策が見当たらないからである。

シリーズ「戦争学入門」によって、長年にわたって人類を悩ませ続けてきた戦争について、その理解の一助になればと考えている。もちろん、日本において「総合芸術（Gesamtkunstwerk）」としての戦争学が、確固とした市民権を得ることを密かに期待しながら。

第2期は、日本国内の新進気鋭の研究者に戦争や平和をめぐる問題について執筆をお願いした。執筆者はみな、それぞれの政治的立場を超え、日本における戦争学の発展のために尽力して下さったため、非常に読み応えのある内容となっている。

第三期は、第一期と同様、優れた英語文献の翻訳である。テーマの重要性はもとより、翻訳担当者もそれぞれの専門家に担当していただくため、やはり読み応えのあるシリーズになっていると思う。

シリーズ監修者　石津朋之
（防衛省防衛研究所戦史研究センター主任研究官）

謝辞

この小冊の執筆に際し、多くの方々のお世話になった。オックスフォード大学出版の方々では、本書の執筆を勧めていただだいたアンドレア・キーガン、執筆中に私の導き役としてサポートしていただいたジェニー・ナギーに感謝したい。また、ドミニック・バイヤットは執筆期間中、彼らしい情熱で私を励まし続け、各章の草稿に対して詳細かつきわめて有益なフィードバックをくださった。彼には言葉だけでは言い尽くせないほど感謝している。それから、草稿の一部または全部を読み、常にそうであるように、非常に洞察力に富んだフィードバックを寄せてくれたケイト・サリバン・ドゥ・エスタラーダ、シャハー・ハメイリ、ニコラス・ウィーラーら友人や同僚たちにも感謝の言葉を述べたい。

本書を執筆したのは、クイーンズランド大学からいただいたサバティカルの期間中である。この休暇を支持してくれた人文社会科学学術院、私の空席を埋めてくれた政治学・国際研究学部の同僚たち、とくにキャサリン・ギルバー、ジャシンタ・オーヘーガン、サラ・パーシー、アンドリュー・フィリップス、ヘロイーズ・ウェーバーらに感謝したい。

いくつかの章の草稿は、私がオックスフォード大学ナッフィールド・カレッジの客員研究員であった期間に執筆した。世界中を見渡しても、これほどまでに静かに考えたり書いたり、またきわめて優れた学者たちと刺激に富んだ会話ができる場所など、ほかにほとんど存在しないであろう。この場所での研究を手配していただいたジェニーナ・ディル、アンドリュー・ハレル、ダンカン・スナイダル、カレッジでの生活を支えていただいたナッフィールドのプロフェッショナルなスタッフたちに感謝したい。また、ありがたいことに、同校の国際関係論セミナーの参加者には初めの三つの章を読んでいただき、素晴らしいコメントと提言を頂戴した。

今回は、私の二人の子供たちであるリリーとサムに、自著の草稿を読んでもらったことを感謝する初めての機会である。二人に読んでもらったことで、本書が、興味はあるものの十分な知識を持たない若い読者にも理解してもらえるという点において、自信を得ることができた。二人の子供たちよ、われわれの世界へようこそ！

最大の感謝を述べなければならないのは、パートナーのヘザー・レイである。本書を彼女に捧げたい。彼女もまた、草稿に対してきわめて有益なフィードバックを寄せてくれた。このことだけでも彼女には深く感謝しなければならないが、それだけでは不十分である。本書は国際関係論の入門書である。そしてヘザーは政治学のこの魅力ある分野の入門授業の達人である。私は二〇年にわたって、彼女が学生たちの知識や理解を育む様子を目の当たりにし、よく練られた入門授業が興味や関心をうながすことを知った。この小冊を執筆するにあたり、彼女から大いに学ぼうと努め、なんとか学ぶことができた。

図版出典

1　アンブロージョ・ロレンツェッティ「善政の寓意」
Alto Vintage Images/ Alamy Stock Photo.

2　国際社会のルールを維持するための戦争。イラクの「死のハイウェイ」(1991年)
Danita Delimont/ Alamy Stock Photo.

3　ティプーのトラ（18世紀末）
Tipu's Tiger, c.1790, Indian School. Victoria & Albert Museum, London, UK/ Bridgeman Images.

4　イギリス保護領東アフリカのコインに刻まれたヴィクトリア女王、1898年
Yaroslaff/ Shutterstock.com.

5　糸を紡ぐマハトマ・ガンディー
gandiserve.org/ Wikimedia Commons/ Public Domain.

6　「ブーメランの法則」の国境を越える影響力
Adopted with permission from Thomas Risse, Stephen C. Ropp, and Kathryn Sikkink, et al. (eds.), *The Power of Human Rights: International Norms and Domestic Change* (Cambridge: Cambridge University Press, 1999).

7　「らせんモデル」で表される人権をめぐる変化
Adapted with permission from Thomas Risse, Stephen C. Ropp, and Kathryn Sikkink, et al. (eds.), *The Power of Human Rights: International Norms and Domestic Change* (Cambridge: Cambridge University Press, 1999).

地図一覧

1　現代ヨーロッパの政治地図
ekler/ Shutterstock.com.

2　1900年における世界の諸帝国

3　中世地中海を描いたカタルーニャの地図（1375年）
The Picture Art Collection/ Alamy Stock Photo.

略語一覧

ANZUS	オーストラリア・ニュージーランド・アメリカ合衆国安全保障条約
AU	アフリカ連合
CAT	拷問及び他の残虐な、非人道的な又は品位を傷つける取扱いに関する条約
CEDAW	女子差別撤廃条約
CPPCG	ジェノサイド条約
CPTPP	環太平洋パートナーシップに関する包括的及び先進的な協定
CRC	児童の権利に関する条約
ECHR	欧州人権条約
EU	ヨーロッパ連合
G20	主要20か国・地域
GATT	関税及び貿易に関する一般協定
GDP	国内総生産
GFC	世界金融危機
ICC	国際刑事裁判所
ICCPR	市民的及び政治的権利に関する国際規約
ICESCR	経済的、社会的及び文化的権利に関する国際規約
ICTY	旧ユーゴスラビア国際戦犯法廷
IMF	国際通貨基金
INGO	国際非政府組織
ISIL	イラク・レバントのイスラーム国
LGBTQI	レズビアン、ゲイ、バイセクシュアル、トランスジェンダー、クィア、インターセックス
NGO	非政府組織
NIEO	新国際経済秩序
NPT	核兵器不拡散条約
OECD	経済開発協力機構
OPEC	石油輸出国機構
PPP	購買力平価
R2P	保護する責任
RCTR	ルワンダ国際戦犯法廷
UN	国際連合
UNESCO	国際連合教育科学文化機関
UNFCCC	国連気候変動枠組条約
UNHCR	国連難民高等弁務官事務所
UNSC	国連安全保障理事会
WTO	世界貿易機関

目次

第5章 経済

第6章　権利 137

第7章　文化 164

装丁 濱崎実幸

シリーズ　戦争学入門

国際関係論

第1章　国際関係とは？

1　国際関係論の範囲と対象

最初に、重要な出来事をいくつか振り返ってみたい。二〇一九年、香港市民たちが、自分たちの民主的権利が侵されていることに対して、数ヵ月にわたってデモを繰り広げた。同じ年の九月、世界中で、およそ六〇〇万もの人々が街に繰り出し、気候変動に対して直ちに行動することを求めてグローバルなデモを行った。二〇一六年、イギリス国民がヨーロッパ連合（EU）からの脱退を国民投票で選び、ドナルド・トランプがアメリカ合衆国大統領に選出された。二〇〇八年、世界金融危機（GFC）が世界経済に大混乱をもたらした。その七年前にはアルカーイダがアメリカに対してテロ攻撃を行い、現在も進行中であるグローバルな「対テロ戦争」を誘発させた。一九八九年には東西ドイツの市民たちがベルリンの壁を引き倒し、これがきっかけとなって、ソヴィエトとアメリカのあいだで繰り広げられていた長期にわたる「冷戦」が終結した。一九六六年には、国際連合（UN）が人権に関して二つの重要な条約を採択した。一つめは「市民的及び政治的権利に関する国際規約（ICCPR）」、二つめは「経済的、社会的及び文化的権利に関する国際規約（ICESCR）」である。一九五五年、（中国、エジプト、インドなどの）独立して間もない、かつて植民地であった国々の指導者たちがインドネシアのバンドンで会議を行った。会議の目的は、帝国を終焉させ、政治的・経済的・文化的平等に基づいた新しい国際秩序を築くことであった。言うまでもなく、二〇世紀の前半は第一次世界大戦、一九三〇年代の世界大恐慌、また第二次世界大戦といった出来事によって占められている。また、一九四五年、国際協力と国際ガヴァナンスが、戦争を防ぎ世界経済に安定をもたらし人権を擁護するだろうという期待を背負って、国際連合が設立された。

　ここで取り上げた出来事は、すべて国際関係論という大きな枠組みに含まれる出来事である。だが、そうであるとするならば、国際関係論とはいったい何なのであろうか。これほどまでに多様な事象が、どうしてすべて同じ枠に収まるのであろうか。国際関係論を研究する学者たちは、伝統的に主権国家間の対外関係に焦点を合わせてきた。つまり、戦争、貿易交渉、軍縮、環境条約などが、焦点を合わせる対象であった。こうした問題は現在でも学者たちの重要な関心事である。しかしながら、焦点が狭すぎるということは、いまや明白である。主権国家間の関係に含まれない重要事項も存在するからである。テロに対する戦争は、結局のところ、国家と非国家主体との戦いである。また、対外関係だけが重要というわけでもない。ブレグジット［イギリスのEUからの離脱］とドナルド・トランプの大統領への選出が示していることは、重要な国内問題がどのように国境を越えて影響を及ぼすのか、ということである。そして、国際関係論が主権国家のみをその対象とするならば、国際関係論という学問がかなり狭い範囲のみを対象とする、ということになってしまう。なぜならば、現在の主権国家から成るグローバルなシステムがようやく現在の姿になったのは、どんなに古く見積もっても一九四五年以降の脱植民地化以降のことだからである。むろん、それ以前から主権国家は存在していた。ヨーロッパとアメリカについて述べるならば、たしかにそうであった。しかしながら、本書で見ていくように、世界のほとんどの場所を治めていたのは帝国だったのである。

学者たちのなかには、これらすべてを踏まえたうえで、より広い範囲を扱う学問として「グローバル政治学」を提唱している者たちがいる。重要な政治的現象には多様なものがあり、「国際関係論」はこれらすべてを扱う学問としては範囲が狭すぎる、という主張である。しかしながら、ここまで言うのはさすがに言いすぎであろう。仮に政治学を、パワーをめぐる闘争、もしくは、誰が、いつ、いかにして、何を得るかを扱い、公的な領域も、私的な領域も扱い、人間活動のありとあらゆる領域——何もかも政治だ、ということさえ可能である——を扱うものだと定義するのであれば、グローバル政治学の扱う範囲は際限なく広がってしまうことになる。いったい、グローバル政治学とは、どこからどこまでを扱う学問なのであろうか。

2　本書の分析視角

政治的権威のグローバルな編成

本書『国際関係論』は、「グローバル政治学」とは異なる手法をとる。フランスの偉大な歴史家で国際関係論学者であるレイモン・アロンは『国際関係論』は、現実に描き出せるような境界は持たない、『国際関係論』は、ほかの社会的現象からはっきりと区別されていない、また、区別することはできない」と述べている。アロンが言わんとしていることとは、「国際関係論」は、学者たち、実務家たち、評論家たち、市井の人々が、社会生活のなかのある領域を示すものとして用いている概念であり、この領域は、彼らが日々の活動を通して想像し、築き上げているものである、ということであろう。それでは、国際関係論の領域として、伝統的な見方が狭すぎ、「グローバル政治学」が広すぎるのであれば、いったいどこに焦点を合わせればよいのであろうか。本書では次のような大胆な主張を行う。われわれは政治的権威のグローバルな編成（the global organization of political authority）に焦点を合わせるべきであり、このような編成が人間活動やその周辺に与えた影響に焦点を合わせるべきである、と。

政治的権威（political authority）とは、正統（レジティメット）な政治的パワー（legitimate political power）のことである。初期ルネサンスの画家パワーのなかでも正当な（rightful）とみなされているパワーのことである。アンブロージョ・ロレンツェッティが、有名なシエナのフレスコ画「善政の寓意」で描きだそうとした種類の政治的パワーである（図1参照）。ロレンツェッティは、市民たちと結びついた男性を正

図1　アンブロージョ・ロレンツェッティ「善政の寓意」

統な統治者として描き、この男性は、正義・慈愛・寛大・節制・平和・剛毅・賢明という市民的美徳をそれぞれに象徴している女性たちに囲まれている。ロレンツェッティは、このフレスコ画の下部に次のように記述している。この統治者は「彼を取り囲む美徳たちの輝いた顔から眼を逸らさない人物として選ばれたのである」（スターンの著書からの引用）。言うまでもなく、こうした表現法は政治的権威をジェンダーに基づいて表現したものとなっている（この点については第3章で再び言及する）。そうはいうものの、政治的権威と暴政（抑圧のみに頼った政治的パワー）の違いを見事に表現したものである。この種の一四世紀のフレスコ画が興味深いのは、こうした絵を通して、政治的権威が正統なパワーであることを理解できるからだけではない。ロレンツェッティは、正統さを実現するための活動として、こうしたフレスコ画を描いたのである。すべての政治的パワーが正統というわけではない。抑圧的な統治は、あまりにもありふれた統治方法である。つまりは、ロレンツェッティの芸術活動は、パワーを正しいものとし、支配を政治的権威に変えようとするゆるぎない思いの表現だったのである。

政治的権威がどのようにして編成されているのかは、人間社会と、その人間が住む自然環境に深い影響を及ぼしている――自然環境への影響については、われわれは、日々、認識を強めつつある。主権国家について考えてみたい。主権国家は、現在、地球上において編成された政治的権威としては主流を占め、明確に領土として示された境界の内側において正統な政治的パワーを一手に握っている。このことは、個人の権利に影響を与え（専制的な国家もあれば、民主的な国家もある）、経済の働きに影響を与え（命令経済の国家もあれば、自由主義的な経済の国家もある）、公共医療や教育サービスの提供に影響を与え（あまり費用のかからない医療を受けられる国家もあれば、そうでない国家もある）、文化共同体の多様性や包括性に影響を与え（多文化国家もあれば、民族主義的な国家も存在する）、自然を保護するか搾取（さくしゅ）するかに影響を与えている（「よりグリーンな［より環境に優しい］」国家もあれば、あまりそうではない国家もある）。同様に重要なことに、世界が二〇〇ほどの主権国家に分割されていることが特有の諸問題――国家間戦争から難民問題に至るまで――を生みだし、同時に、それら諸問題に取り組むに際しての実際の足かせとなっているのである。

これまでの歴史を通して、人類は政治的権威の編成を経験してきたが、これが如実なのは、村、部族、地方自治体、入植地、都市国家、地方、民族国家といった地方レベルにおいてである。だが、これらの地方の権威は、通常、より大きな政治的権威の内側に編み込まれていた。地域、帝国、国家間、多国家間、国家を超えた政治的権威のまとまりの内側に編み込まれていたのである。たとえばネイティヴ・アメリカンの部族は、多くの場合、より大きな単位である連邦に組み込まれていた。イロクイ連邦を例にとれば、この連邦は、モホーク、オナイダ、オノンダーガ、カユーガ、セネカの各ネーションから編成されていたのである。同様に、一九世紀まで日本、朝鮮、ベトナムにはそれぞれの王朝があり、領土を持つ、はっきりと区別された政体であったが、時として同時に、より大きな中国の冊封（さくほう）体制［宗主権］のなかに組み込まれていた。冊封国として、中国皇帝に朝貢していたのである。現代の主権国家は、各々が法的に独立してはいるものの、国家の集まりであるグローバルなシステムに組み込まれており、このシステムには特有の諸課題、制度、政治的慣習が存在する。［本書において］政治的権威の「グローバルな」編成に焦点に合わせると述べる際、私が対象としてみなしているのは、ここで述べたような、より大きなまとまりのことである。このまとまりが地球大の規模であったかどうかは問わない。実際、これらのまとまりのなかで文字どおりにグローバルな規模であったのは、おそらく現在の主権国家から成るシステムだけであろう。

分析の視角――主権国家から政治的権威のグローバルな編成へ

現在の政治的権威の編成が殊更に興味深いのは、次の二つの点においてである。一つめはその新しさである。国際関係論を学ぶ学生は、世界を主権国家によって編成されるものとみなし、これを永遠の真理として学ぶよう、長年にわたって教えられてきた。たとえば、代表的な英国学派の理論家であるマーティン・ワイトは、主権国家によって編成される世界を「繰り返し、現れるもの」と観察している。しかしながらすでに言及したように、一九七〇年代以前の人類の多くは、主権国家という政体ではなく、帝国という政体のなかで暮らしていたのである。主権国家から成るシステムが地球全体にまで広がるなどということはまったく新しい現象であり、ごく近年になってから初めて生じたことなのである。ここから、主権国家から成るシステムの起源、力学、重要性、この先の見通し、という興味深い疑問が生まれてくる。そしてシステムそのものが新しいということが、これらの疑問をより魅力あるものにしている。二つめとして、現在の権威のグローバルな形態は非常に複雑なものとなっている。政治的権威が多数の主権国家のみに宿るのみならず、（EUのような）超国家機構にも宿っており、（国際連合のような）国際機関にも宿っており、（多国籍企業のような）国境を越えるアクター［行為主体］にも宿っているという形態なのである。さらに言えば、主権国家内部の政治さえも、しばしば「外部の」権威によって大きく左右される。たとえば国家は、国連難民高等弁務官事務所（UNHCR）のような人権団体に、難民の扱いについての報告を行わなければならず、これが、しばしば中央政府の政策や政治行動への挑戦となり、また、このことによって、国内の活動家たちや国家を超えた枠組みで活動する活動家たちが力を得ることもあるのである。

政治的権威のグローバルな編成をわれわれの探求の中心に据えることによって、分析的な疑問と倫理的な疑問が生じてくる。分析的な問いとして、政治的権威がどのように、ある特定の様式に編成されたのか、どのような力学によってそうなったのか、そして（暴力的なものも、人道的なものも含めて）その結果どうなったのかを問うことができる。また、政治的権威の進化や変化をもたらした原動力についても探求することができる。さらに、異なる時代の政治的権威の違いを歴史的に比較することが可能となり、政治的権威の歴史上の変化をたどることもできる（たとえば、現在の国家から成るグローバルなシステムは、中華、ヨーロッパ、ムガル、オスマンの各帝国が崩壊したのちに誕生したが、現在のシステムへの移行過程をたどることができる）。さらには、政治的権威が大きな規模で編成された際には、時に、人々の暮らし向きが向上した一方で階層が生まれ、排斥が行われた――人種、ジェンダー、宗教、セクシュアリティ、カーストなどによる階層や排斥――のであるが、そのようになった理由を探ることができるのである。

本書ではこのような分析的な問いに焦点を合わせてゆく。だが、これを行うことは、結果として倫理的な問いを理解することにもつながるであろう。このような権威が正当なパワーとして認められているというのは、ある程度において、この権威によって示されてきたものが、歴史を通じた議論や闘争によって認められてきたからであり、この権威が示した正義が認められ、この権威が擁護した権利が認められ、この権威が支えた道徳規範が認められたからこそ、この権威は正当なパワーと認められるようになったのである。この種の議論は、現代の国際関係論において中心的な議論である［具体例としては次のような各種の議論である］。主権の制限とはいったい何を意味するのか。人権はどのような場合に保護されるべきなのか。国際社会は、人々を大規模な残虐行為から保護することに関して責任を有しているのか。不平等の解消はグローバルな経済ガヴァナンスの目標なのか。われわれは気候変動への取り組みにおいてどのような義務を課されているのか。さらに根本的な問題としては、亡命する権利と国境を警備する権利のあいだで、どのように整合性を図ればよいのか。国際関係を学ぶ者がこうした問題に取り組むことは適切であるのみならず、現在の最も差し迫った諸問題を論じようと際には、必須なのである。

各章の内容

次章以降の各章では、政治的権威のグローバルな編成というレンズを通して国際関係論を案内してゆきたい。第2章ではこの編成についてさらに詳しく見てゆき、歴史上の政治的権威の編成の主なものを簡単に紹介してゆく。ヘテロノミー（例としてはヨーロッパの封建制）［巻末の「用語解説」を参照］、帝国（ムガル帝国やイギリス帝国）、主権［主権から成るシステム］（おそらく現在のグローバルなシステムがその究極の姿）について見てゆく。これを行うに当たって二つの目標がある。一つめは、これら各々の制度を、統治、規範、行動のための、正式の、もしくは非公式のシステムとしておおまかに理解しながら、各制度の性質や重要性について見てゆくことである。対象となるものは、主権という基盤的な規範から、国際貿易を円滑にするためのルールに至るまで多岐にわたる。これらの制度は、政治的権威が編成されてきたなかで中心的な役割を果たしてきたため、重要なのである。二つめの目標は、現在の主権国家から成るグローバルなシステムを、より大きな概念的枠組み、長期的視野のなかに置いて捉えてみることである。こうすることによって、現在のシステムは非常に重要なシステムであるというだけにとどまらず、社会活動や政治行動に秩序を与えるシステムとしてきわめて独特なものであるということを知っていただけるであろう。

第3章では、理論的な側面を取り上げる。理論などというものは学者の自己満足にすぎないと耳にしたこともあろう。［イギリスの小説家］チャールズ・ディケンズの小説『ハードタイムズ』に登場する教師トーマス・グラッドグラインドは、次のセリフを述べている。「我々に必要なのは事実だけなのである。事実だけしかいらないのである。ほかのものは投げ捨ててしまえばよい」。だが、現実には、理論は理解を得るうえで欠くことのできない助けとなる。また、理論に依らない考えなどというものは、現実にはありえない神話である。理論とは、単に、複雑なものを理解するために編成された想定なのであり、国際関係論においてまったく「事実だけに基づいている」とされる説明も、何らかの理論が反映されたものであり、［本や論文の］著者は、どの事実がより重要なものであるのかを判断する際に、理論を用いるのである。たとえば、大政治家の人間性やその政治家が行った選択のなかで、また、ある時代の考え方や文化のなかで、どれがより重要であったのか、［武器や交通手段といった］物理的なパワーのなかで、どれがほかのものよりも重要であったのか、資本主義がどういう役割を果たしたのか、などといったことを判断するに際に理論を用いるのである。国際関係論を学ぶ者としては、首尾一貫した姿勢でこうした想定を扱うことが求められている。そして、こうしたことを行う最善の方法とは、こうした想定を理論のなかに落とし込むことなのである。この作業を行うための手助けとして、リアリズムからフェミニズムに至るまで、現在主流となっている国際関係論の理論をいくつか紹介してゆく。しかしながら、本書では、一般的に行われている方法とは異なるやり方でこれを行いたい。これらの理論は「分析的な」理論や「倫理的な」理論、あるいは「主流となっている」理論や「主流派へ挑戦する」理論へと分類することが広く行われている。だが、このような分類は行わず、すべての理論が中心的な関心事をともにしているということを示してゆく。政治的権威をどう定義するのか、政治的権威はどのようにグローバルに広まっていったのか、そして、その結果どういうことになったのか、ということは、すべてに共通の関心事項なのである。

長い時間軸のなかで、強い社会的な力が政治的権威の大規模な編成をうながし、また政治的権威の編成が社会的な力を生み出してきた。第4章から第7章にかけて、そのうちの最も重要なものを取り上げてゆきたい。戦争、経済、権利、そして文化である。戦争は、歴史を通して政治的権威の構造や行動に多大な影響を及ぼしてきた。このことは、第一次世界大戦が、どのようにオーストリア＝ハンガリー帝国、ドイツ帝国、オスマン帝国を滅ぼしたのかを考えることで理解できるであろう。第4章では、戦争を目的を有した組織的な暴力であると定義する。そのうえで、この種の暴力の移り変わりが、さまざまな種類の政治的権威を生み出してきた経緯を見てゆき、このような権威を誕生させた中心的な創造主としての戦争の役割を検証し、さらに戦争が政治的・法的なコントロールを受ける対象となっていった過程を検証したい。

第5章では、経済と政治的権威の編成との関係について述べ、この二つが相互に依存する関係にあると主張したい。グローバル経済に起きた変化、技術革新、経済資源のグローバルな分布の変化という三つの条件の変化について考察したのち、政治的権威の編成における重要な発展を観察し、これらがグローバルな経済関係にどのような影響をもたらしてきたのかを検証する。

あらゆる政治的権威は、権利を定義し配分する。現在の国家は、その国の国民に一定の諸権利を付与し、難民など国民ではない者に同じ権利を付与することを拒む。同様に、［かつての］帝国において、本国の国民は帝国本国の国民として権利一式を享受することができた一方、植民地の臣民は、本国とは異なる、より小さな権利を付与されていたのである。一九四五年以降は、国際的な人権条約がすべての人類に共通する人権を成文化し、同時に国際的な人権に関するルールを定め、国際的な人権団体に権威を付与し、その一方、国家の主権を制限した。これらいずれの場合においても、権利の性質や配分は政治的権威の範囲や限界に影響するものであった。第6章では、権利にまつわる政治を二つの側面から見てゆきたい。一つめは、現在の主権国家から成るグローバルなシステムが誕生する際に個人の権利が果たした役割である。二つめは、人権を求める国内での活動が国境を超える人権運動として結合し、国家主権を再定義し、制限するようになった過程である。

最後に考察するのは文化である。非西洋の諸大国、とりわけ中国の台頭が、文化が政治的権威のグローバルな編成にいかなる影響を与えるかについて、重要な疑問を投げかけている。論者のなかには、西洋の文化的影響が小さくなると近代国際秩序が崩壊することになると予測する者もいれば、別の論者たちは、そのような見解への反論として、自由主義的な国際制度は異なる文化的背景を持つ国々や人々を受け入れるものであると述べている。第7章では、そのどちらとも異なる見解を示したい。歴史上、政治的権威の大規模な編成は、単一文化的な環境のもとではなく、文化的にヘテロノミーな［異質なものがまじりあった］状態のなかで進んできた、と述べる。そして、その際に選択されたやり方――制度を創り上げる際のやり方、階層構造を築く際のやり方、また権利を配分するにあたってのやり方――は、多様なものを統治し支配しなければならないという状況的な要請に、深く影響されたものであった、と主張する。

国際関係論を研究するということは、正統な政治的パワーの編成をうながした戦いや闘争に焦点を合わせるとともに、より地域的な政治に影響を及ぼした政治的権威の大規模な形成に注意を向けることによって、グローバルな社会環境や自然環境における根本となる政治的諸課題に真正面から取り組むということである。国際関係論は、政治学のなかでも最も魅力的な学問なのである（そして、ほぼ間違いなく、最も重要な学問である）。読者諸氏が、本書という独創さと啓発さを有したレンズを通して、世界を見、この世界が直面している深刻な諸課題を見つめることができるならば幸いである。

第2章　政治的権威のグローバルな編成

国際関係論を学ぶには政治的権威のグローバルな編成に焦点を合わせるべきである、という考え方に疑問を感じている方は、次に挙げる諸問題について考えてみていただきたい。イギリスのＥＵ（欧州連合）からの離脱、南シナ海における領土と領海をめぐる紛争、イラクとシリアの領土に新しいカリフ国を打ち建てようとしたイラク・レバントのイスラーム国（ＩＳＩＬ）の試み、気候変動に関するパリ協定からのアメリカの離脱、国際捕鯨委員会からの日本の離脱と商業捕鯨の再開、国内の環境規制によって損害を被った多国籍企業がその補償を求めて国を訴える権利、そして、性的差別に関する国際的な規範をロシアが拒絶していること。これらすべてにおいて、政治的権威の性格と配分が、問題の中心――そして、本質――なのである。これらいずれも、パワーをめぐる闘争を伴うものであり、政治的権威もしくは正統なパワーが、繰り返し争点となっている。イギリスはヨーロッパのルールや規制を守らなければならないのであろうか。中国は南シナ海の広い海域に対して歴史的な権利を保有しているのであろうか、それとも、国際海洋法が島嶼（とうしょ）諸国の権利を定めているのであろうか。中東において、宗教的反乱が既存の主権国家を打ち倒し、古典的なイスラーム政体という彼らの理念を具現化することは、正統な行為なのであろうか。国家が気候変動にどのように取り組むのかを定めるべきなのであろうか。国家が行った法的措置を非国家主体が訴えることができるという状況において、国家はそれでも主権を保持していると言えるのであろうか。性的差別を阻止できるような国際的規範は存在するべきであろうか。これらの疑問は、単に学術的な問いかけにとどまるものではない。これらは、現在の国際関係において最も活発に議論されているいくつかの問題を、実のある議論とする問いなのである。

これらの諸問題に共通の注目すべき点とは、これらが問題としてみなされるのは、政治的権威が主権の原則にしたがって編成されていると認識した場合に限られる、ということである（主権の原則とは、国境の内側では国家が最高の権威であり、国境の外でも、国家は国家の上に立つ権威を認める必要がない、ということ）。一九七〇年代以降は、ほぼ地球全体が領域国家に分割され、それぞれが主権を主張しているという状態にある。これから見てゆくように、国家は、アフリカ連合（AU）や世界貿易機関（WTO）などの国際制度や国際機関に権威を付与してきた。しかしながら、国家主権を至上のものとみなさないのであれば、ブレグジット派の運動は、意味をなさなくなってしまうし、中国の広大な海上権の主張はこれほど議論を呼ぶことはなかったはずである。また、ＩＳＩＬによって脅かされるような主権国家体制が、そもそも中東に存在しないことになってしまう。さらに、気候変動に関するパリ協定がアメリカの独立を脅かすものとみなされることはなかったであろう。あるいは、多国籍企業に法的な権利を与えることも、さほど問題とはならなかったはずである。だが、世界の歴史のほとんどの期間、政治的権威のグローバルな編成は、このようなものではなかったのである。古代ギリシア（紀元前八〇〇年から、少なくとも紀元前三〇〇年まで）、中国の戦国時代（紀元前四七五年から紀元前二二一年まで）［中国の戦国時代の始まった年については諸説あるが、ここでは原著にしたがった］、マウリヤ朝（紀元前三二一年から紀元前一八五年まで）のもとで統一される前のインド、そしてルネサンス期（紀元後一三五〇年から一五〇〇年まで）のイタリアなどがそうであったように、かつては国家から成る地域的なシステムが存在していた。だが、これらは現代のグローバルなシステムとはかなり異なるものであった。また、このような地域的なシステムは歴史的にはまれである。歴史上、帝国から成るシステム、権威の封建的配分、もしくは、これらの組み合わせが存続した時代のほうが、はるかに長かったのである。

第1章でも論じたように、現在の主権国家から成るグローバルなシステムが非常に魅力的なのは——その自然さではなく——その特有さなのである。しかしながら、この特有さを理解するためには、まず二つのことを把握しておく必要があろう。第一に、このシステムは歴史上に存在したほかの政治的権威の編成とどこがどう違うのか、第二に、このシステムがごく近年になってからようやく誕生したのはどうしてなのか、についてである。本章では、この目的を達成するために、（主権国家から成るシステム、帝国から成るシステム、ヘテロノミーの世界という）歴史上に存在する三つのタイプの政治的権威の編成を比較し、現在のグローバルな秩序が登場するに至った過程を手短に説明したい。だが、これに取り組む前段階として、制度の性格と機能について考察する必要があろう。次章以降の各章で見てゆくように、戦争から文化に至るまで、政治的権威の定義づけと配分には多くの要因が影響を与えてきた。ところが、それらの諸要因が何であれ、政治的権威の編成——大きな規模の編成も、小さな規模のものも——を可能にしたのは、常に制度だったのである。この点はいささかわかりにくいことと思う。そこで、まず制度とは何であるのかについて解説し、次に、いくつかの形態に分類できる制度のそれぞれの違いについて述べてみたい。

1 制度

制度とは何か——組織との違い

ほかの文献において、私は制度を次のように定義した。制度とは、アクターのアイデンティティを形成し、行動を導く規範、ルール、慣習のセットである。国際関係論では、制度の重要性を否定する由緒ある「リアリスト」の伝統がある。リアリストの考え方では、重要なのは物理的なパワー（主に銃と貨幣）であって、大国がそれを望んだときのみ、ルールや規範は存在し、何らかの影響力を持つとされている。大きな影響力を持つのは物理的なもの［つまり、実体のあるもの］という点は、そのとおりかもしれないが、制度が日々の生活のなかでかなりの重要性を帯びていることを考えると、リアリストの見方はそれほどしっくりとくるものではない。最も根源的なレベルにおいて、現在、主権国家のほとんどが存在を続けられるのは、侵略してこようとする他国を跳ね返すに足る物理的なパワーを保持しているからではないからである。そうではなく、ある程度においては主権を保持しているからであり、この主権が、主権を尊重しなければならないとする、非常に重要な国際的な規範に支えられているからなのである。つまり、物理的に弱い国が存続を続けられるという事実そのものが、制度に依ったものなのである。国家はまた、制度をめぐる政治に多大な時間とエネルギーを費やしている。つまり、新しい制度を創り、権利と義務をめぐって互いに論争をし、リアリストが想定している程度をはるかに超えるレベルで制度上のルールや規範に従っている。さらに言えば、いま例として述べたように、現在、国家間の論争や紛争で最も激しいものの多くは、異なる制度の相対的な重要性をめぐってのものなのである。つまり、主権と超国家的なルール（ブレグジット）、歴史的な権利と国際法（南シナ海における中国の主張）、多国間のルールと立法府議員の憲法上の権利（アメリカが加わらなかった元々のＴＰＰ）の対立などである。

制度にはさまざまなものがある。ルールや規範が法として成文化されている公式の制度もあれば、互いの共通理解として表明されているだけの非公式な制度もある。国連憲章と、イギリスとアメリカの「特別な関係（special relationship）」は、双方ともに制度である。だが、前者は公式の制度であるが、後者はおおむね非公式なものである。国連憲章の場合がそうであるように、制度が意図して創られる場合がある。一方、アクターが繰り返しを行うなかで、徐々に制度として定着してゆくものもある。外交という制度——国際関係におけるまさしく中心的な制度——は、その典型例の一つである。イタリアの都市国家が、相手国に駐在する大使を最初に置きはじめたのは一四世紀のことである。しかしながら、外交が開始された瞬間を特定することはできない。その後、外交は、共通の慣習が徐々に成文化されながら、七世紀の時間をかけていくつかの段階を経ながら進化を遂げてきたのである。

学生たちが犯す大きな間違えとして、制度（institutions）と組織（organizations）を混同するというものがある。国際関係論の代表的な学者の一人であるジョン・ラギーは、組織とは「本部とレターヘッド［便箋の上部に印字してある団体名、住所、電話番号］」を持つ事務機関であり、制度は、公式なものであれ非公式なものであれ、ルール、規範、慣習である、と主張している。組織は、常にその基盤となる制度の上に築かれるものなのである。たとえば（組織である）国際連合は、（制度である）国連憲章を基盤にして成り立っている。一方、制度のなかには、組織と関連づけられていないものもある。アンザス（ＡＮＺＵＳ）条約は、オーストラリア、ニュージーランド、アメリカのあいだで結ばれた公式の制度であるが、このＡＮＺＵＳに組織は存在しない。時には、制度は時間をかけて組織を形成してゆく。その最も典型的な例は世界貿易機関（ＷＴＯ）である。ＷＴＯは、一九四八年に関税及び貿易に関する一般協定（ＧＡＴＴ）として発足した。これは国際条約であったが、その組織はないに等しいほどに小さなものであった。

制度の種類

国際制度について考察するにあたって、制度を三つの種類に分けて考えてみるとわかりやすいであろう。われわれにとって最もなじみのある制度――メディアにおいて最も頻繁に耳にする制度――は、通例、「特定の目的のための制度（issue-specific institutions）」あるいは「国際レジーム（international regimes）」と呼ばれるものである。その名が示すように、これらの制度は、一般に核軍備制限やグローバルな郵便制度の運営など、特定の問題に対処するために創設されたものである。この種類の制度は、一九世紀以降、急激にその数を増やし、現在では数千存在している。このうち最も有名なものは、核兵器不拡散条約（ＮＰＴ）、国連気候変動枠組条約（ＵＮＦＣＣＣ）、女子差別撤廃条約（ＣＥＤＡＷ）、国際刑事裁判所に関するローマ規程、市民的及び政治的権利に関する国際規約（ＩＣＣＰＲ）、対人地雷に関するオタワ条約などである。第二次世界大戦後に創設された数々の制度（国際連合、国際通貨基金〔ＩＭＦ〕、世界銀行など）が示しているように、これらのなかには、大国のリーダーシップが反映されているものがある。また、多国間での対処が必要な問題に直面しているという認識が多くの国々によって共有されて、この共通の認識が反映されているものもある。さらに、これらのなかには、国境を越える人権ネットワークから多国籍企業に至るまで、非国家アクターによる継続的な運動が反映されているものもある。

特定の目的のための制度は、その起源が何であれ、何にも頼らずに独立して存在しているわけではない。これらの制度は、より目立たない、ある種根源的な制度が形となったものなのである。私はほかの文献において、こうしたものを「基底的制度（fundamental institutions）」あるいは「基本的な制度的慣習（basic institutional practices）」と名づけた。先に挙げた例について考えてみたい。国家は、これらのレジームに関して交渉する際、二つのことを行う。国際法を創り、多国間外交（三つ、もしくはそれ以上の国家同士による協力）を行うのである。言い換えるならば、国家は制度的な慣習として古くから受け入れられてきた慣習を繰り返すことによって、さまざまな課題に対処するのである。歴史上、国家やほかの政治的アクターによって受け入れられてきた慣習にはさまざまなタイプのものがある。国際法や多国間外交が、現在のような形態で主流なものとなったのは一九世紀であるが、ヨーロッパ諸国のあいだではそれよりも以前から、より古いタイプの慣習的な法や外交が実施されていたのである（これらは、ヨーロッパ諸国がそれぞれの帝国を統治するに際には適用されていなかった）。古代ギリシアには［現在のような］国際法の概念や多国間外交の概念は存在しなかったが、国家間を仲裁するためのかなり進んだシステムが存在していた。国家間外交の先駆けとなったのはルネサンス期のイタリアであるが、その外交のやり方は、現在とはかなり異なるものであった。

この二つのレベルの制度のさらに下に、三つ目のレベルの制度が存在している。ここでは、これを便宜的に「立憲主義的な（constitutional）」制度と名づけておきたい。この三番目の制度を理解する最善の方法は、主観国家が立脚している法律的な構造を考えてみることである。憲法が規定するものは、なかんずく、国家の内側で政治的権威がどのように配分されるかである。つまり、憲法によって、どのような政治体が正統であるのか、また、どのような法律体系が正統であるのかが規定される。たとえば、行政府、立法府、司法府が規定される。憲法が、これらの互いの関係を規定し、これらが、どのように正統な統治や正統な決定を行うかを規定するのである。憲法は、場合によっては、国家と国民の関係を規定し、両者の権利を明示し、政治的権威の性格や範囲について明示している。別の言い方をするならば、憲法が政治というゲームのルールを定義しているのである。つまり、どの主体が正統なアクターであるかを定め、正統なパワーとは何であるのかを定めているのである。政治的権威の大規模な集合体――帝国や主権国家から成るシステムなど――が公式に憲法を持っていることはほとんどない（もっとも、国連憲章をこれに類似するものとみなしている論者もいる）。そうはいうものの、政治的権威の大規模な集合体は、常に非公式の立憲主義的な諸規範を基盤に成立している。つまり、どれが正統な政治的権威であるのか、政治的権威の及ぶ範囲はどこまでであるのか、政治的権威の互いの関係についての共通理解である。現在の主権国家から成るグローバルなシステムはその典型例の一つである。主権国家がその主権を行使する場合、その国は憲法的制約が何もない無の空間［自由勝手に何でもできる環境］で行使するわけではない。主権国家は、はっきりと共通に理解されている立憲主義的な諸規範という枠組みの範囲のなかでその主権を行使するのである。この共通の枠組みによって、国家は政治的権威の最も重要な単位とみなされ、（立法権や自衛権など）特定の諸権利を与えられ、物理的な面積に関係なく、互いが法的に対等な立場にあるとみなされているのである。それゆえ、主権というのは立憲主義的な制度の一つであり、ほかのレベルの諸制度――基底的制度も、特定の目的のための制度も――は、その存在を前提としているものなのである。

2　三つの地図

政治的権威の編成が歴史上どのように行われてきたのか、それを知る最上の手段の一つは、地図を通してそれをたどってみることである。だがその前に、二点注意の言葉を述べておきたい。第一に、地図は別の目的で作成されたものであるという点である。地図から政治的権威の編成に関する手がかりが得られる場合であっても、それは地図が作成された本来の目的ではないのである。たとえば中世の地図は、多くの場合、航海や巡礼・交易のルートを正しく記す目的で作成されていた。第二に、現代のわれわれは、地図作成術（カートグラフィー）――地図を作る方法や技術――が、政治的権威がどのように分配されているのかを目に見えるかたちで表すことだけを目的とした表現の手段ではないことを認識している。このことを逆から捉えるならば、地図作成術が誕生したことによって初めて、統治者たちは、政治的権威についてそれなりの見方を思い描けるようになったのである。具体的には、この分野の先駆的な学者であるジョーダン・ブランチが説明しているように、ルネサンス期の地図作成術における革命が起こって以降、地表を分割したり、分割した境目に線を引いたりすることで、物理的な位置を正確に書き表すことができるようになり、その結果、領土主権（territorial sovereignty）が初めて認識できるようになったのである。

現代ヨーロッパの政治地図

これらに留意したうえで、三つの地図が、歴史上の政治的権威の大規模な編成を理解するためのわかりやすいスタート地点となる。まずは現在のヨーロッパの政治地図から見てゆきたい（地図1参照）。この地図でわれわれが目にできるのは、国際関係論における標準的な説明である。つまり、領土の境目に線が引かれた主権国家に分割された世界である。国と国とは明確な境界線によって分割されているので、各々の国々を容易に見分けることができる。それでは、この境界線は何を分割しているのであろうか。われわれはこの線の上に立つことも可能であるし、そこから両側を見ても物理的な違いは何も見あたらない。国境地帯に住む人々が、国境をまたいで同じ言語を話していることさえある。この境界線は、ある主権国家の政治的権威と、隣の主権国家の政治的権威とを区別している。主権という立憲主義的な規範が、国家にその領土内における至上の権威を授け、この地図はこの方式での政治的権威の編成を

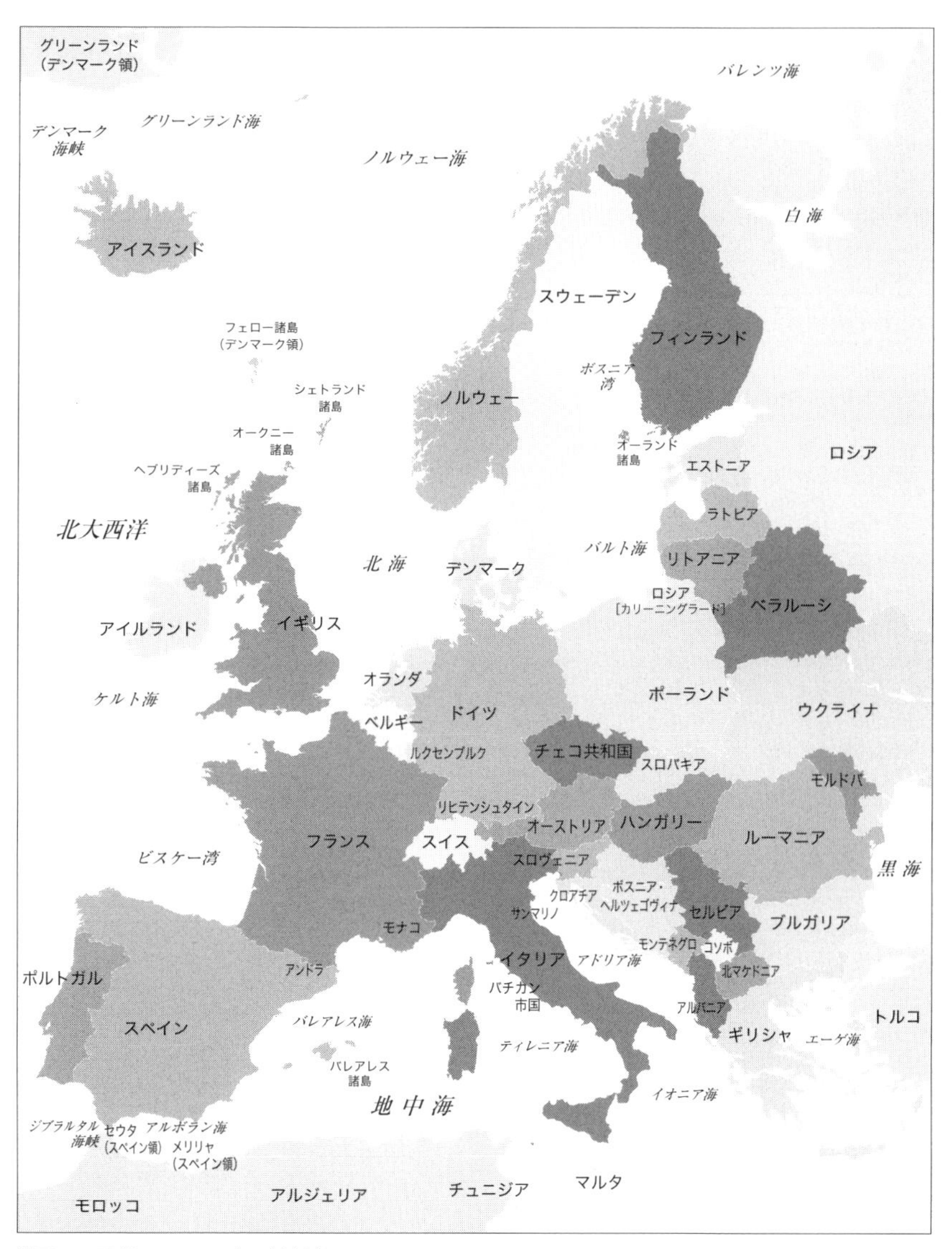

地図１　現代ヨーロッパの政治地図

目に見えるかたちで表したものなのである。フランスの権威が及ぶのはどこまでであるのか、ドイツの権威はどこから始まるのか、容易に見分けることができるのである。

この地図は、主権国家から成るシステムのなかで政治的権威がどのように配分されているのかを説明しているのみならず、より深いものをも示している。この配分の制度的基盤――主権が、このシステム全体において立憲主義的な規範になっているという事実である。この地図が、ドイツ、フランス、イギリスといった政治的大国をどのように記述しているかだけではなく、ルクセンブルクやモナコといった小国をどのように記述しているか見てみたい。これらの小国は、自国を防衛できるだけの軍事力を備えているから生存し、存続しているのではなく、内政に干渉されない権利、自決権、外交権を備えた主権国家としてみなされているからこそ生存し、存続しているのである。同様に、ルクセンブルクとドイツとの領土の境界線が、ドイツとフランスとの線と同様に明瞭であり、絶対的である点も見てみたい。主権が公式に認められているので、この地図はすべての国家を同等に描いている――主権の原則と同様である。

もちろん、ここで描かれていることすべては、政治の結果、たいていは暴力的な政治の結果である。第二次世界大戦は、政治的権威の編成をめぐる最終決戦とでも呼べるほどのものであった。主権の原則が、ヨーロッパと北アフリカで優越を得ようとしたドイツと、アジアで帝国を広げようとした日本に脅かされたのみならず、海外帝国［海外領土や植民地などを意味する］に対する自らの「主権」を維持しようとしたヨーロッパ諸国によっても脅かされたのである。この地図で描かれているような現在の主権秩序は、第二次世界大戦の終了後すぐに誕生したわけでもない。西ヨーロッパと東ヨーロッパの戦後の境界は、一九七五年のヘルシンキ宣言まで正式に認められていなかった。また、現在この地図に描かれている多くの主権国家が独立を果たしたのは、旧ユーゴスラビアとソヴィエト連邦の崩壊後である。しかしながら、このことが示しているのは、主権という立憲主義的な規範が徐々に定着していった、ということなのである。結果として、この地図は政治的権威をありのままに表現しているように見える。しかしながら、このありのままさは、現在の政治によってかき乱されている。最も顕著なのはブレグジットをめぐる論争と混乱によって、である。EU――統合と超国家的な権威によって平和、経済成長、人権を促進させようという数十年間に及ぶ長期プロジェクト――が、イギリスの主権を断固として求める強固な主張と、ナショナル・アイデンティティを排他的に求める声によって、挑戦を受けているのである。

一九〇〇年における世界の諸帝国

このことが示していることが、主権国家によって編成されている世界を当然視すべきではない、ということであれば、次の二番目の地図が、そのことの裏付けとなろう。地図2は、地図1と同様に政治的な地図である。この地図は、地図1のわずか一世期前のグローバルな政治的編成を表したものであるが、ここで表されている世界は、地図1とはまったく異なる。地図2の世界は、主権国家によってではなく、広大な帝国から成り立っている。この地図は、これらの帝国を、その中身に関係なく、領土的なブロックとして表すことによって、政治的編成の形態としての帝国の重要な特徴をあいまいにするものとなっている。第一に、帝国とはいうものの、そのなかには政治的に中央集権化されたものもあれば、分権化されたものもあり、さまざまである（イギリス帝国、オスマン帝国、清はそれぞれ相当異なる）。第二に、帝国の境目は、領土の区分がはっきりした場所もあった一方、境目があいまいではっきりしない帝国の辺境地帯同士が接している場所もあった。これらの帝国の本国の多く（イギリス、フランス、ロシア、アメリカ）は、互いに主権国家同士の関係であったが、このような事実は、この地図からは見えてこない。国際関係論学者のエドワード・キーンが説明しているように、本国同士の関係において適用される原則と、支配する人々とのあいだで適用される原則は異なるものであった。それでもこの地図は、［現在とは］かなり異なる政治的権威のグローバルな編成の重要な側面を浮かび上がらせている。この地図から、これらの帝国のあまりの広さ、そしてその結果、わずかな数の帝国（わずか一六しか描かれていない）が世界を分割していたということがわかる。同様に重要なこととして、この地図から、これらの帝国が、少なくともその本国においては、政治的編成の正統な形態として認識されていたことが理解できる。われわれは、ともすると、一九世紀後半に急拡大したヨーロッパの諸帝国に目を奪われがちであるが、一九〇〇年当時、中国、日本、ロシア、アメリカの各帝国も存在していたのである。

この帝国から成る世界には、この世界に特有の政治が存在していた。当然、政治闘争は存在し、時に暴力的な闘争となった。しかしながら、「国家間」関係だけが政治であったわけではない。もちろん、国家間の関係は中心に位置するものであった。一八九九年と一九〇七年のハーグ平和会議［「万国平和会議」とも呼ばれる］が、このことを立証している。これら二つの会議においてヨーロッパ諸国は、初期の戦時国際法についての交渉を行い、のちに国際連盟や国際連合へとつながる基盤

地図２　1900年における世界の諸帝国

づくりを行った。しかしながら、帝国から成る世界の政治力学は、国家間だけの関係よりもさらに複雑なものであった。一九世紀の政治——および暴力——は、かなりの部分、帝国的な拡張主義によって突き動かされていた。ヨーロッパの大国が、アフリカ、アジア、太平洋へと、影響力と支配とを拡大させていったのである。こうした動きが、非西洋の多くの政体を潰すか、従わせただけにとどまらず、これによって、西洋の帝国と非西洋の帝国が、直接ぶつかるようになった（イギリスと中国とのアヘン戦争はその重要な例である）。主権国家が、現在のわれわれが——国家のため、また国家間のために存在する——「国家間（interstate）」と認識するような制度を構築したのであるが、そのような制度を設けた最大の理由は、帝国としての衝動であった。このことは、現在では十分に立証されているように、国際法という基底的制度ですらも、かなりの程度、帝国という目的に役立つように発達してきたのである。国際法において悪名高い「文明の規準（standard of civilization）」が成文化され、これが、西洋列強が西洋人以外の人々に主権を与えるか、それとも拒否するのか、その判断基準となる法的根拠とされたのであった。同様に、当時、特定の目的のための重要な制度も、帝国の時代に付随した制度上の課題に取り組むために設けられていたのである。たとえばヨーロッパ諸国が、それぞれの「アフリカへの殺到（Scramble for Africa）」〔日本の歴史教科書などでは「アフリカの分割」という表記がよく用いられる〕のなかで自らの植民地を獲得しようと鎬（しのぎ）を削っていたので、一八八五年、ベルリン会議一般議定書において、互いの衝突を避けるためのルールが設けられたのである。

地図1と地図2に描かれた政治的権威の大規模な編成の違いは際立ったものであるが、一三七五年の中世「カタルーニャ」の地中海の

一三七五年の地中海の地図

地図はさらに大きく異なる（地図3参照）。この地図は「羅針儀海図」の典型的な例で、主に航海において船乗りたちを補助する目的で作成されたものである。しかしながら、たとえその主要な目的が政治的表現ではないにせよ、当時の政治的編成について多くを語ってくれるものとなっている。主権国家は見あたらない――領土的な境界はまったく示されてない。内陸部の重要な都市や旅行者の道、沿岸の町が多数記されている。地図の下部には、玉座に座った支配者たちやテントの軍隊まで描かれているが、この支配者たちの政治的権限がどういうものなのか――何を治め、どこを治めているのか――を知る手がかりは描かれていない。このような描かれ方になっているのは、当時の地図作成術が未熟だったからではない。この地図は中世における政治的権威の編成をかなり正確に表現している。ここに描かれているのは「ヘテロノミー」の世界で、この世界では権威の中心が重複して存在していたのである。つまり、地方領主、町、都市、地方の君主、ゆるやかに統合された帝国、カトリック、東方教会、イスラームの宗教権威が重なりあうように存在していたのである。領土的に区切られた域内の独占的な権威などというものは、いまだ存在していなかった。これらの政治的な権限や法的な権限は重なりあうように存在し、複数の法体系が同時に存在していた。政治的権威と宗教的権威の境界はあいまいで、そのあいだで争いが起きていたのである。

政治的権威の主権国家による編成や帝国による編成と同様に、ヘテロノミーによる編成も特有の政治を生み出していた。ここでも、政治闘争や暴力的な衝突はありふれたものであった。しかしな

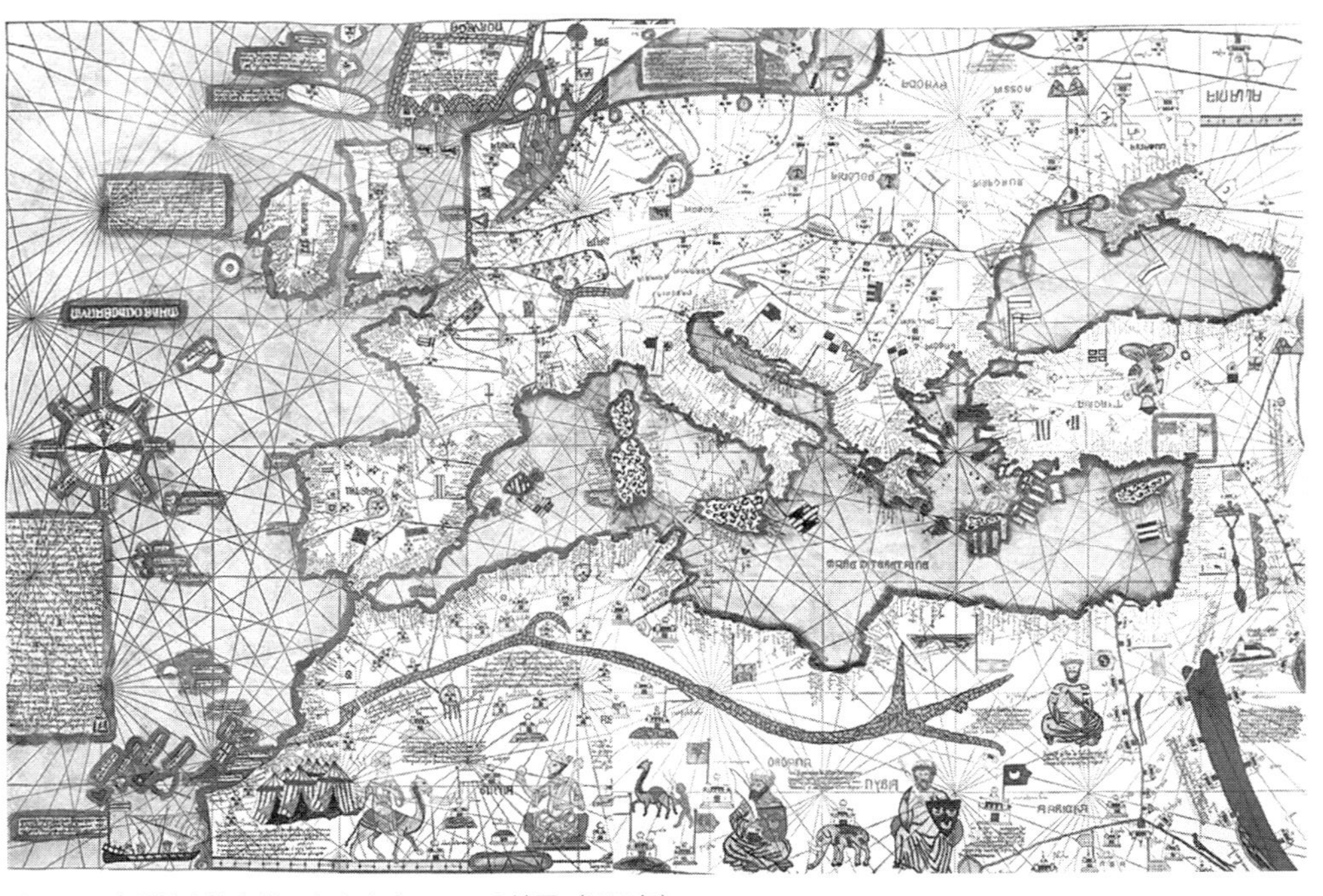

地図3　中世地中海を描いたカタルーニャの地図（1375年）

がら、これらの闘争や衝突は、現在のわれわれが主権国家として認識しているものとはほとんど関係がないものであった。ヨーロッパの主権国家を生み出した「コンスチチューティーヴ（constitutive）」戦争［ヨーロッパに主権国家が誕生してゆく過程で戦われた戦争］が戦われるようになるのは、これよりもまだ数世紀先の話である。オランダ、ポルトガル、スペインなどの初期の帝国が征服のための暴力をふるうようになるのも、まだまだ先の話である。さらに述べるならば、私的な暴力と公的な暴力はまだ明確には区別されていなかったうえ、近代の主権国家においてその中心的な考え方となる、国家による暴力の独占という考え方が生まれてくるのも、まだ先の話であった。中世の世界においては、正統なパワーをめぐる闘争には、少なくとも三つの形態があった。第一に、人々の生活のどの側面において、どの権威が優位に立つのか、という最重要の闘争である。最も典型的な例は、世俗的な権威と宗教的な権威の境界をめぐる、神聖ローマ皇帝とローマ教皇のあいだの永続的な闘争である。第二に、宗教的な人工物や宗教上のシンボルをめぐる闘争である。この闘争は、多くの場合、地方の支配者の権威を高めたり、宗教色のある政治的行動をうながしたりするために行われた。十字軍やエルサレムの支配権をめぐるクリスチャンとムスリムのあいだの長年の戦いを思い起こしていただきたい。第三に、正統な政治的権威をいかにして獲得するのかをめぐる闘争である。野心的な支配者たちは、しばしば自分の家系図を可能なかぎり自分に有利なように解釈して自分の正統性を主張したのである（こうした行いが最終的に行われなくなったのは、一七世紀のスペイン継承戦争以降のことである）。最後に、政治的自治を求める平民［王族や貴族ではない、という意味］による闘争が増加しつつあった。発言力を高めつつあった豊かな都市が、最初にこのような主張を始めたのである。

的権威を大規模に編成してきたさまざまな方法の違いばかりではなく、現在の主権国家から成る世界が誕生してまもない、ということなのである。帝国に分割された地球を描いた地図2は一九〇〇年のものであり、ここで描かれた政治世界が最終的になくなったのは一九七〇年代のことである。この変化に伴ったもの、そしてこの変化がどのように起こったのかが、今日の国際関係を深い部分で形作っているのである。国際連合の性格や機能、中国が新興強国としての自らの権利と資格をどのように捉えているのか、グローバルな貿易交渉、介入をめぐる政治、(ＩＳＩＬやアルカーイダなどの)超国家的な反乱者の不満と目的などなど、すべては、何らかの点において、この変化から生まれ出たものなのである。

3 国家から成るグローバルなシステムの誕生

帝国のシステムからグローバルなシステムへ

この章の残りの部分では、帝国から成る世界から、今日の主権国家から成るグローバルなシステムへの移行ついて、二つの側面から見てゆきたい。この二つの側面を理解するためには、(著名な国際関係論学者ロバート・ギルピンによって生み出された)二種類の国際的な変化についての有名な区別を用いることが有効であろう——「システム内の(systemic)」変化と「システム自体の(systems)」変化である。第一の変化は、主権国家から成るシステムの内側で起きた変化、とくにパワーの配分に起きた変化である。たとえば、第一次世界大戦と第二次世界大戦に挟まれた期間は「多極」の世界であり、パワーは五つないしそれ以上の数の大国に分散されていた。これが一九四五年以降は「二極（bipolar）」へと移行し、パワーはアメリカとソヴィエトの手中に集中された。冷戦が終結すると、今度は「単極（unipolar）」の世界になり、アメリカが世界にただ一つ残った超大国とみなされるようになった。二番目の変化——システム自体の変化——はより根本的な変化で、システムの基底となる立憲主義的な諸規範の大きな変化を伴うものであった。すでに見てきたように、立憲主義的な規範とは、どの政治的権威が正統な権威なのか、これらの政治的権威が行う正しい行いとは何なのか、これらの政治的権威は互いにどのような関係にあるのか、これらついての社会的な理解なのである。ごく近年までは、国際関係論学者たちは、主権国家から成る世界を所与のものとみなしていたため、この種の変化にはほとんど目が向けられてこなかった。しかしながら、現在の世界ができあがったのはごく近年であると認識されるようになったことで、システム自体の変化が、がぜん重要になってきたのである。

システム内の変化

システム内の変化は、しばしば物理的なパワーの配分——とくに銃［軍事力］と貨幣［経済力］の配分——のみを指すものとして、非常に狭い意味で解釈されている。しかしながら、国家から成るシステムの内側で起こった変化は、それらにとどまるものではない。本書の目的にとって重要なことに、過去一世紀のあいだ、主権国家から成るシステム——このシステム自体が、この間のかなりの期間、帝国から成るシステムというより大きな構造のなかに埋め込まれていた——が徐々に大きくなっていった［つまり、世界に広がっていった］が、拡大するあいだ、〔主権国家なら成るシステムという〕政治的権威の編成の内部でいくつかの重要な変化が起きたのである。このうち、二つが突出して重要である。第一は、政治的覇権の移り変わりである。つまり、指導国あるいは覇権国として認識された権威の移り変わりである。公式には、どの主権国家も法的に対等なはずであるが、国家から成るシステムにも、容認された形態の階層的な構造が生まれた。このような階層的な構造のなかでは、政治的覇権の構造が最も重要である。このような覇権の移り変わりが重要なのは、国際関係のルールや規範をつかさどるうえで、覇権国が歴史的に指導的な位置にあったからである。最も頻繁に引用される例は、一九四五年以降に生まれた制度――国際連合、グローバルな経済上の諸制度（IMF、世界銀行、GATT）、人権に関する主要な文書など――が発展するにあたってアメリカが果たした役割である（第5章においてさらに詳しく述べる）。一九世紀後半、政治的覇権国の座にあったのはイギリスであった。イギリスのパワーは二〇世紀の前半に低下し、第二次世界大戦後にアメリカが台頭すると、最終的に輝きを失った。アメリカの政治的覇権は非常に影響力の強いものであったとはいえ、長いあいだ、二極構造の西側世界だけに閉じ込められたものであり、これがグローバルなものとなったのは一九九〇年代の初頭に冷戦が終結して以降のことである。しかしながら、アメリカのグローバルな政治的覇権には、現在では疑問符が付されるようになっている。現状、アメリカのリーダーシップは、急速に台頭する中国、ロシアのような不満を持った国家からの挑戦を受けている。また、アメリカ国内では、世界を牽引しようという意欲が低下しつつある。

政治的権威の編成に関する内側の（あるいは、システム内の）変化の二つめは、先に述べたように、特定の目的のための制度あるいはレジームの急増である。ジョン・ラギーが主張しているように、主権国家から成るシステムでは、政治的権威は領土で区切られた政治的単位ごとに集中されていることにされているが、このことには、パラドクスがある。権威はそれぞれの独立国の排他的な域であると定義された瞬間、その国は非領土的な課題に対処するために、自らの権利の一部を国際的な制度へと「譲り渡す」こととなるのである。いくつか例をあげてみたい。主権国家は、世界の海洋――どの国も所有していない海洋［沿岸国の主権の及ばない海域］――を平和裡に航行しようとするならば、海洋法という権威を認めなければならなくなる。同様に、国家が、ほかの国と自由に貿易を行おうとするならば、国家間で合意されている貿易上のルールを権威あるものとして扱わなければならなくなるのである。さらに、国家が、気候変動――おそらくは、非領土的な課題のなかで最もチャレンジングなもの――に対処しようとするならば、領土的な権威をいくら振り回してみたところで、何の解決にもならない。国家間での権威ある国際的なルール作りを通じて、互いに協力しなければならないのである。このうち、領土的な解決策になじむものは何一つない。当然、当初は小さなシステムであった主権国家から成るシステムが次第に地球全体を覆うようになるにつれて、また、独立国の増加に合わせて制度上の課題が増えるにつれて、特定の目的のための制度の数は激増していった。ほかの文献ですでに書いたように、一六四八年から一八一四年までにヨーロッパの国々が署名した多国間の条約はわずか一二七であった。しかしながら、この数は一八一四年から一九一四年までに八一七にまで増加した。一九四五年以降は数万に達している。

システム自体の変化

覇権の移り変わりと、特定の目的のための制度の増加というシステム内の変化が進行しているあいだ、世界政治においてより深い意味を持つ「システム自体の」変化が展開していた。一九〇〇年当時、主にヨーロッパとアメリカにあった主権国家によって構成されていた主権国家から成る小さなシステムは、帝国から成るシステムという、より大きなシステムの内側に存在するものであった。さらに言えば、多くの場合、国家と帝国は結合されていた。たとえば、イギリス、フランス、アメリカなどは、主権国家であったのと同時に帝国でもあった。この主権国家・帝国システムは、多くの場合、暴力的なパワーポリティクス［権力政治］の結果として生まれたものであったが、同時に一式の明確な立憲主義的な規範によって成り立つ制度化されたものでもあった。これらの規範は、西洋の中心部においては本国の主権を正統化し、同時に、海外の帝国が主に非西洋人から成る人口の上にかぶさることを正統化していたのである。こうした規範の証拠は、一九四五年の国連憲章のなかにも見つけることができる。国連憲章は、主権国家として認められた国家の権利を保証するとともに、こうした国々（通常は、帝国を持つ国々）が自治を行い得ない領土を管理するための「神聖な信託（sacred trust）」［国連憲章七三条の条文にある文言］をも認めているのである。政治的権威のグローバルな編成の世界史上の最も劇的な変化として、その後の三〇年間［一九四五年から一九七〇年代なかばにかけてのおよそ三〇年間］にこの主権・帝国システムが一掃されて、世界最初の主権国家から成るグローバルなシステムがこれにとって代わったのである。

この変化をもたらした原因として、これまでさまざまなものが指摘されてきた。戦後、ヨーロッパの諸帝国の力が衰えたこと、新しい超大国であるアメリカとソヴィエト連邦が帝国を好まなかったこと、植民地にされていた側の人々の奮闘、近代的な資本主義による要請など、さまざまな理由が指摘されてきた。しかしながら、このような指摘は、互いに関連する二つの事柄について説明できないかぎり意味をなさない。第一に、ヨーロッパの巨大な植民地帝国がほぼ一斉に崩壊した理由、第二に、植民地という制度そのものが破綻した理由である。一〇〇〇年もの長きにわたって政治的権威の正統な編成であるとみなされてきた帝国という制度が、破綻に至ったのである。いま挙げた二番目――つまり、帝国という制度の倫理的破綻――が、ヨーロッパの各帝国の一斉崩壊をもたらしたのである。帝国の力とは言うものの、それは各々の帝国ごとに異なるものであった。アメリカの反帝国主義は、冷戦が始まって以降、弱体化していた。植民地によっては、反植民地闘争が決定的な意味を持ったが、そうではない植民地もあった。つまり、先にあげたような指摘は、すべての帝国が同時に崩壊したことについて、説得力のある説明とはなっていないのである。第6章で見てゆくように、帝国の非正統化が決定的な意味を持ったのである。これは、植民地にされていた側の人々に自治権を与えることを目的とした長期にわたるキャンペーンの成果であり、このキャンペーンは主に、新たに設置された国際連合の人権フォーラムという場において行われたのであった。このようなキャンペーンが成功した結果として、帝国が正統さを失うことになっただけにとどまらず（とは言うものの、帝国とは別形態の階層構造や支配の形態が正統さを失ったわけではない）、国家主権が政治的権威を編成する主要な原理としてグローバルに位置づけられたのである。その結果は、主権国家として認められた国家の激増であった。一九四六年から一九七五年までのあいだ、七六もの国々が新たな独立国として認められたのである。

第3章　理論は友達

国際関係論を学ぶ者は、政治的権威のグローバルな編成に焦点を合わせることによって、主権国家の対外関係のみを対象にするという伝統から自由になり、グローバル政治という漠然としたものではなく、よりはっきりとした対象と取り組むことができる。そうはいうものの、その姿が多少はっきり見えたところで、それでも政治的権威のグローバルな編成というものは複雑で変化するものであり、かなり取り組みがたい対象として見えていることであろう。われわれは、この編成に関して興味深い疑問をいくらでも投げかけることができる。この編成は、歴史の流れのなかでどのように変化し、そしてなぜ変化したのか。また、この編成は組織的な暴力、ジェンダー間の不平等、人種・民族間の不平等とどのような関係にあるのか、などの疑問である。このような疑問はいくらでも思いつくことができ、このことが国際関係論の学習を非常に魅力的なものにしている。ところで、このなかからどれかを選んで回答を導こうとする場合、どのように答えればよいのであろうか。この疑問に対する答えの一つは、関連する事実を見てゆくというものであろう。しかしながら、その場合、どのような事実を見てゆけばよいのか。どの疑問に答えようとする場合でも、入手できる事実はそれこそ無限に存在する。どの事実が関連する事実なのかをわれわれはどのように判断すればよいのか。たとえば、グローバルな不平等、あるいは政治的権威の編成に関して、すべての関連事項を集めた包括的なリストを作成しようとした場合、このリストに何を入れ、何を入れないかをどのように判断すればよいのか。また、このリストに入れた項目のなかでどれが最も重要なのかをどのように判断すればよいのか。さらには、どの項目をより深く掘り下げるかをどのように判断すればよいのか。

本章において主張することとは、理論が、こうした作業を行ううえで不可欠なものだということである。実際のところ、理論化というものは、国際関係論のような複雑な領域のみならず、社会や自然界のありとあらゆる探求において必要で不可欠な行為である。この点において読者諸氏を説得する前に、理論から神話の皮をはいでみたい。つまり、理論を、学術界の限られたメンバーだけが扱うことができる秘術としてではなく、理論の本質を抽出したうえで、人間の日常的な活動の一つとして扱ってみるのである。理論は日常的な活動であると述べたのは、何も人間が抽象化を好んだり、中国やフランス、ドイツ、インドの哲学書を読むことを好んだりすると述べたいからではない（こういうことを好む人はたしかに一定数存在する）。そうではなく、複雑なものを解明するために仮説を用いること――理論化の本質である――は、社会や自然界を探求するうえで不可欠な行為だと述べたいのである。そして一度このことを理解すると、理論を排した探求などというものは、日常のなかであろうとも学術的な探求であろうとも、意味をなさなくなると述べたい。のちにさらに掘り下げてゆくように、われわれがただ一つ行っている選択とは、理論化を無意識にその場しのぎの行為として行うか、それとも繰り返すことができる体系化された行為として行うか、という選択である。このうち、合理的なのは後者のみであるので、本章においては国際関係の理論のうち、六つの主要な理論上の観点について探求してゆきたい。六つの理論とは、リアリズム、リベラリズム、コンストラクティヴィズム［「社会構成主義」と呼ばれることもある］、英国学派、フェミニズム、ポスト・コロニアリズムである。次章以降の各章では、戦争、経済、権利、文化についての考察を行うが、これらの理論のあいだで交わされている論争には触れない。もっとも、これらの理論そのものは、さまざまなポイントで容易に見てとれるものとなってゆくであろう。私としては、これらの理論を、読者諸氏が国際関係論をおおまかに理解するための分析の道具、あるいは持ち運びのできる補助具として紹介したい。一般的には、これらの理論は種類別に分けられている。最も一般的な分け方としては、一方に「主流の」理論あるいは「問題解決型の」理論を置き、もう一方に「批判的な」理論を置くというものである。さまざまな理由により、私はこのような分類を行わない。そうではなく、これらの理論には相違はあるものの、重要な目的をともにしていると主張したい。つまり、政治的権威のグローバルな編成は、すべての理論において中心的な関心事となっている、と述べるのである。

1　理論と事実

理論とは何か

理論にはさまざまな種類がある。形の整った数理的な理論もあれば、言葉のみによる、型にはまらない理論もある。グランド・セオリー（grand theories）［大理論──構造や動向を全体的に把握するための理論］もあれば、ミドル・レンジ・セオリー（middle range theories）［中範囲の理論──現象のある側面を説明するための理論］もある。主として分析的な理論もあれば、全体として倫理的な理論もある。包括的な社会の法則や自然の法則を捉えようとする理論もあれば、そのような大それた野心を避けた理論もある。シンプルな理論もあれば、複雑な理論もある。真正面から疑問に取り組むような理論もあれば、陰に潜むような理論もある。そして、これから示してゆくように、学者が作り出した理論もあれば、一般の人々が日々の生活を送るうえで生み出した理論もある。これらすべての「理論」は、本質的に、われわれが複雑なことを理解するうえで補助となる、体系化された想定に過ぎないということである。国際関係論を学ぶにあたっての最も一般的な想定とは、政治的行動の原動力についてのものである。この点、学者たちの想定はさまざまである。ある学者は、国家は個人と同様に、生来攻撃的で支配的であると想定している。ある学者は、国家は利己的で戦略的であると想定している。ある学者は、国家は（軍事力や経済力などの）物理的な利益を行動の原動力としていると想定している。ある学者は、世界政府が存在しないことによって、国家は自らの安全を確保すべく自らのパワーを最大化することに駆り立てられている、と想定している。また、ある学者は、国家の行動は個人の行動と同様に、広く行きわたっている社会的規範や慣習によって方向づけられていると想定している。各々の学者は、それぞれに自らの想定を出発点としているのであるが、そこを土台にして、自分たちが理解しようとしている複雑なことを解明するために、すべてを組み立ててゆくのである。

多くの人々は、理論化を学者の世界だけで行われているもの――あるいはプロのオタクが行う怪しげな術――であるとみなしている。しかしながら、こうした考え方はまったく事実に反する。人間は、気性として理論家であり、習慣的に理論家であり、避け難く理論家なのである。理論化――複雑なことを理解するために想定を用いること――は、われわれが日常生活を送るうえで欠かせない行為なのである。理論化によって、われわれは、われわれが住む複雑に込み入った多元的な社会や自然界を理解し、生き抜くことができるのである。いくつか例をあげてみたい。新しく友達になった人の家に夕食に呼ばれたとしよう。するとあなたは、このことが何を意味するのか、あれこれと想定することであろう。「夕食」は、何かを伴うものなのか。どのような服装をして行けばよいのか。何時ごろに到着し、何時ごろにお暇(いとま)すればよいのか。何かおみやげを持参して行くべきなのか。友人の家ではどのように振る舞えばよいのか、などの想定である。このような想定を行わなければ、あるいは、行った想定が間違っていた場合、社会という迷宮のなかへと迷い込むこととなる。われわれが想定の力を思い知らされるのは、おそらく想定に失敗したときである。私はシカゴで行われた学会に出席した際、朝のランニングへと出かけた。その途中、湖のほとりに行くためにミシガン通りを横断する必要があった。オーストラリア人である私は、自分の右側を見てクルマが来ていないことを確認して道路を渡りはじめたのだが、危うく死ぬところであった。歩道にいた人たちの叫び声を聞いて反射的に左側を見ると、四車線か五車線のクルマが猛スピードで私に迫っていた。クルマがどのように通行するかについての私の想定が完全に間違っていたのである［シカゴがあるアメリカは右側通行、オーストラリアは日本と同様に左側通行］。あの身の毛もよだつ感覚は、その後数週間消えることはなかった。社会がどのように動くかについてのわれわれの想定は、政治についての日常的な会話のなかでも容易に発見できるであろう。五人の友人同士が、カフェの席に座って中東の混乱について話をしているという状況を想像してみたい。彼ら彼女らのような意見を述べる人々は、わりとどこにでもいるはずである。ベラという人物は、中東の混乱が収まらないのは、グローバル強国同士の競合のためだと述べている。マリックは植民地時代の負の遺産のためだと述べ、リンは全部宗教のためだと述べ、ウッドローはアラブ人は民主政治に向いていないと述べ、リラはあの地域に平和をもたらすのは真の民主主義と人権の尊重だけだと述べている。五人の立場はすべて、中東の政治の根本的な原動力ついての基本的な想定を反映したものであり、それらの想定の相対的な重要性を反映したものになっている。

歴史家たちの術（すべ）

複雑なことを理解するに際の想定の重要性について、歴史家たちの語るところが大いに参考となる。結局のところ歴史家たちの術とは、われわれが「歴史上の記録」と呼ぶ、見たところ途方もない数の事実に意味を与えることなのである。旧来の考え方によれば、アクセス可能な史実からの単純なる事実の抽出、つまりは真実の抽出が歴史家の術だとみなされていた。かつては、真の歴史家たるもの、事実そのものに語らせ、自分の考えをさしはさんではならない、と述べられていた。このような古い考え方は現在までに批判されるようになっている。著名な歴史家で国際関係論学者であるE・H・カーは、古典的名著『歴史とは何か』のなかで次のように述べている。「かつては事実が自ら語ると述べられていたが、もちろん、これは真実ではない。事実が自ら語るのは、歴史家が事実に語らせる場合のみである。どの事実に発言を許すのか、どの順序で、どのような文脈で事実に語らせるのか、それを決めるのが歴史家なのである」。もっと最近の例を見ても、近年最も影響力のある歴史家の一人であるクェンティン・スキナーが同様のことを述べている。スキナーはイギリスの大邸宅チャッツワース・ハウスを例として用いて、次のような説明を行っている。この建物の事実というものは、レンガの数からこの建物で仕えてきた歴代の多くの使用人たちに至るまで、それこそほとんど無限に存在する。歴史家はどの事実に光を当てるべきなのか。もし彼女が、たとえば美術品といった特定の事実に集中したならば、事態はもっと容易なものになるであろうか。これは一見よい解決策に見えるが、ここで行おうとしていることは、歴史家のあらかじめの想定を重視するということなのである。つまり、この場合、何が美術品に含まれるのかということである。チャッツワース・ハウスの美術品に家具は含まれるのか。もし含まれないというのであれば、それはどうしてなのか。カーとスキナーが言わんとしているのは、同様の真理についてである。つまり、歴史家たちが探求の場へと持ち出したもの——歴史家たちが発した疑問、歴史家たちが用いた概念、歴史家たちが重要性について判断したときの想定——これによって何が事実とみなされるのかが決められ、どの事実が舞台［歴史］を構成するのかが決められるのである。イギリスの著名な哲学者であるマイケル・オークショットは次のように述べている。「歴史を『創る』のは歴史家以外の何者でもない。つまり、歴史を創作する唯一の方法は、歴史を書くことなのである」。

理論化は不可欠な行為

国際関係論を学ぶにあたって、意味のない理論化ではなく、徹底的な実証研究を求める声はかなり耳にする。しかしながらすでに述べたように、理論を批判したり理論を恐れたりすることはできるものの、理論を避けて通ることはできないのである。事実を最大限重視する者であろうとも、概念を用いることなく国際関係論を学ぶことはできない。たとえば、パワー、利益、主権、国家――これらすべては、われわれが複雑なことを理解するに際に補助となる想定である。たしかに、概念上の不一致があることは明白である。ある学者は、パワーを個々のアクターが保有するものと想定している。別の学者は、パワーを関係性のなかで生じる特殊な要素――たとえば所有者と奴隷の関係性――であると想定している。さらには、パワーはアクターが自らの目標を達成した場合――たとえばAがBを欲してそれを手にした場合――にのみ存在するものだと想定する学者がいる一方、アクターが不釣り合いに高い能力を持っていれば、それだけでそのアクターはパワーを保持していると想定――この想定では、そのアクターが、自らの目標を達成するためにそのパワーを行使するかどうかは関係ない――する学者がいる。このパワーをめぐる相違によって、各々の学者はそれぞれ別の事実をほかの事実に優先させて、国際関係をそれぞれに読み解いているのである。

ここで述べたいことは、理論とは、われわれが複雑なものを理解するために編成された想定に過ぎないということである。われわれが世の中を理解するための想定は、それ自体で孤立したものではないので、「編成された」という語がとくに重要なのである。友達になった人の家に夕食に呼ばれた際には、夕食は何かを伴うものなのか、どのように振る舞えばよいのか、何時ごろに到着し、何時ごろにお暇すればよいのか、などの想定を行うが、これらの想定は互いに関連したものである。そして、このような社会空間でうまくやるためには、これらを首尾一貫したものとして組み合わせねばならないのである。さらに言えば、これらの想定のなかには、ほかと比べてより根本的な想定が存在する。たとえば、すべては友人関係についての想定しだいなのである。この友人関係についての想定によって、われわれの夕食の性格についての想定が影響を受けることになるからである。そしてこの二つの想定によって、適切なふるまいについての想定が決定されるのである。適切なふるまいについての想定は、一般に普及している社会的規範をその個人がどのように理解しているかによっても影響される。おみやげを持参すべきか。罵(ののし)り言葉を発してもよいのか。夕食は改まった場なのか。どのメニューを食べるのにどの食卓食器を使えばよいのか。つまりは、この社会的な場でうまくやるためには、これらの想定を、おそらくは意識せずに用いる基本的な理論に練り込まねばならないのである。当然ながら、科学的な理論は――自然科学の理論であれ社会科学の理論であれ――これよりもはるかに考え抜かれたものであり、はるかにシステマチックなものである。それでも、科学的な理論も想定の組み合わせ――われわれが論理的で一貫しているとみなすことができるやり方で――によって構成されたものなのである。ここでも、ある想定はほかの想定よりもより根本的なものである。例をあげると、次節において「六つの理論」を見てゆくが、これらの国際関係論の理論のいくつか――コンストラクティヴィズム、英国学派、フェミニズム――は、国際的な規範がアクターのアイデンティティや利益を規定し、それゆえにアクターのふるまいを規定するとみなしている。しかしながら、このような想定は人間の社会的関係――この場合、共通の考え、信条、価値――をつなぐ、より深いレベルの想定に基づいたものなのである。われわれが「存在論上の（ontological）」想定と呼ぶものである。

2　六つの理論

ここまでの議論において中心となるメッセージがあるとすれば、こういうことである――自分の内側にある理論家としての部分を大切にし、あらゆる人を理論家としてみなせ。理論化が避けられない行為であるならば――われわれは理論化を日常生活のなかで常に行っており、理論的な想定が国際関係を理解するすべての試みを可能にするものであるならば――よく考えずに理論化するよりも、意識的に、体系的に行うほうがよいはずである。国際関係論を、より明瞭により深く理解するには、何がこの世界で重要なのかについての想定をしっかりと行ない、異なる想定を用いることで世界の見方がどのように変わるのかを考え、自分たちの主張が基底的な理論的枠組みをどの程度反映したものであるのかを理解するほうがよいはずである。これは、単に自身の思索についてのみならず、他者の考えに接する際、また、他者の考えを解釈する際にもあてはまる。こうした行為によって、われわれは、表面の下の隠れた部分を読み取り、著者の中心となり主張を読み取り、こうした議論の支えている前提を掘り起こすことができるようになるのである。ここで述べたいことは、単に、自らの批判眼を研ぎ、色々な主張をより体系的に比較したり、対比したりせよ、というだけではない。他者の考えに敬意を払いながら読むことも、また、極めて重要なのである。国際関係論についての異なる議論が多くの場合、スタート地点での異なる想定を反映したものであるということを認識し、自分にとっては納得できないような想定であろうとも、自らの想定があるように、そのような想定もある、と認めることが重要なのである。

ここから、国際関係論における六つの優勢な理論上の視点について見てゆきたい。国際関係論の理論は多くの場合、種類別に分類される。最も一般的な分類法は、分析的な理論と倫理的な理論への分類、あるいは主流となっている理論と批判的な理論［主流となっている理論を批判する理論］に分類するというものである。しかしながら、ここでは、このような分類を行わない。このような分類は意味をなさない、とまでは言わないが、このような分類は最も優勢な理論についての面白い部分をかなり覆い隠すことになるのである。例をあげると、私は一般には分析的とされる理論――たとえばリアリズム――がいかに倫理に依存しているか、またいわゆる倫理的とされる理論――たとえば正義のグローバルな配分に関する理論――がいかに分析的な想定に依拠しているかということを、スペースを割いて記述してゆく。つまりはこうした一般的な分類に反する文章を読むことによって、多くのことを得られるのである。私がとくに興味を掻き立てられるのは、これらの理論に共通する部分である。私は大学院の博士課程の学生であった時、国際政治経済の各理論の相違を強調した授業の試験を受けた。その試験で問われたことは、各理論の共通項について記述せよということであり、このような問いをされたことは私にとっては衝撃であった。私は［試験前］各理論の違いを必死になって覚えたが、これらの理論を橋で結べ、という試験だったのである。ここからの部分において私が行うことは同様のアプローチである。各理論の共通項という観点から主要な理論について読み解いてゆく。とくに注意を払うのは、政治的権威のグローバルな編成についての関心という共通部分である。

リアリズム

リアリストの考え方において中心となっている前提は、国際関係はパワー闘争であるという前提である。しかしながらこの闘争の説明をめぐってリアリストのあいだにも相違が存在している。リアリストのなかのある学者たち、たとえばハンス・モーゲンソーは、これを人間の性質、支配を求める人間の本来的な願望によるものとみなしている。この立場のリアリストたちは次のように主張している。国家の内側には法律があり、警察がおり、裁判所があるので、この願望は管理され封じ込まれている。それゆえ、国内においては、文明［的な社会］が成り立つのである。しかしながら、国家間においては強制的な法律が存在しないために支配を求める願望が制約を受けず、結果として常に不安定な状況が生じ、暴力が繰り返される。別のリアリストたちはこうした見方を否定する。この立場のリアリストたちは、人間の性質を定義することは不可能であり（人間のなかには人道的な人もいればナチスのような人もいる）、それゆえに、それを土台にして国際関係を説明することは貧弱な想定［思い込み］であると主張している。ケネス・ウォルツら「ネオ」リアリストや「構造主義的」リアリストたちは次のように主張している。より確実なスタート地点となるのは国際システムの構造である。この構造の重要な特徴とは、中央の権威が存在しないこと、つまりは世界政府が存在しないことである。このように「アナーキーな」システムにおいて、すべての国家――よい国家であるか悪い国家であるかにかかわらず――にとっての最も根源的な利益とは自らの生存であり、生存はほかのすべての目標や目的の前提条件である。しかしながら、中央の権威が存在しない状況においては――状況が悪化したときに助けてくれる制度が存在しない状況においては――国家はみずからの面倒はみずから見なければならず、相対的なパワー――とくに軍事力――を構築することによってこれを行う。ところが、このことが絶えざる「安全保障上のジレンマ」を生み出すのである。ある国が自国の軍事的な能力を引き上げた場合、別の国々はその国の動機がわからないので、自らも能力を強化することによってリスクを回避しようとする。その結果、軍備競争に拍車がかかり、終わりのないパワー闘争が生じるのである。しかしながら、どちらの立場のリアリストたちも、こうした闘争を封じ込める唯一の手段は国家間の勢力均衡である、と考えている。能力の均衡が慎重さを生み出し、そこから安定が生まれると考えているのである（リアリストたちの考える、平和の唯一の形態）。

このような見方を受け入れたうえで、リアリストたちは政治的権威のグローバルな編成を中心的な関心事としているなどと述べられるのであろうか。政治的権威は正統なパワーであり、リアリストたちは物理的なパワーをめぐる闘争を強調している。リアリストたちは国家間の秩序ある関係を支えるのに必要な条件とは何かについて、長年にわたって考えをめぐらせており、ここに政治的権威が議論に入り込む余地がある。リアリストたちのなかの少数派は、徹頭徹尾物理主義者であり、国際秩序を軍事的パワーと経済的パワーの均衡の単純なる産物とみなしている。しかしながら、より多くの場合、リアリストは、国家同士の共存と協力を可能とするルールが秩序には必要であると考えている。もちろん、彼ら彼女らはリアリストである以上、こうしたルールは優勢である勢力均衡から生まれ、勢力均衡によって支えられているとみなしている。しかしながら、リアリストたちの中心的な考え方として、ある勢力均衡はほかの勢力均衡よりも、こうしたルールの発展や成功により強く働くというものがある。しばしば、覇権——支配力をもつ国家によるリーダーシップ——は不可欠のものとみなされている。リアリストの「覇権安定論」の長い伝統によれば、秩序を支えるルールは一九世紀のイギリスや一九四五年以降のアメリカのような支配力を持つ国家による支援や警備行動を必要としている。この理由ゆえに、覇権の期間は安定した時期とみなされているのであるが、大国同士が優位を得ようと闘争を行う覇権の交代期は不安定が生まれる時期であり、しばしば戦争が発生する時期であると考えられている。

ここまでの議論すべてにおいてきわめて重要なポイントは、覇権が単なる物質的な支配にとどまらず、政治的権威の一形態だということである。このことは二つの点で明白である。第一に、覇権国はリーダーであり、ほかの国々によってリーダーとしてみなされているという点である。リアリストたちは、覇権国の他国に対する物理的能力における優越によって、覇権国は、そのような正統性を獲得できると主張してはいるが、それでも、正統性は、覇権国のパワーに不可欠なものである、と長年にわたって認めている。第二に、覇権国が後援するルールは一方的な押し付けではなく、交渉の結果成立するものであるという点である。ルールの警察官として、覇権国の物質的な力は不可欠である。しかしながら、リアリストたちは通例大きな取引の結果としてルールが生まれると認識している。この取引において、覇権国は他国の恭順と引き換えに安全と安定の提供を約束するのである。

リベラリズム

リベラリズムは、一般的な政治理論を国際関係論へと移し替えたものである。リアリストたちがグループ――殊に国家――を真っ先に考えるのに対して、リベラリズムは個人を出発点としている。リベラル派は次のように主張している。正統な国家（常に民主主義国）は国家が統治する個人との社会契約を土台に築かれ、そのようにして築かれた国家は自国の国民の利益を増大させ、彼らの権利を保護するという目的のためだけに存在する。法律は法の支配を受ける人々、もしくはその代表によって起草された場合のみ正統なものとなり、あたかもケーキを切り分けるように、すべての人に平等に適用されなければならない、と。こうした考え方は、国家間の領域へと三つの点において移し替えられた。リベラル派は偉大な哲学者であるイマヌエル・カントを踏襲し、次のように主張している。第一に、民主主義国は、独裁国よりも平和的である。戦争の際により大きな犠牲を被る国民は、君主や独裁者よりもリスクを回避しようとする傾向があるからである（ただし、悪魔扱いすることが容易な敵と対峙する場合はそのかぎりではない）。それゆえに、民主主義を広めることは平和にとって不可欠であると考えられている。リベラル派はまた、国内の統治原則は国家間の場にも適用できると信じている。これには法の支配も含まれる。法の支配とは、法主体（legal subjects）がその法律の唯一の正統な起草者であり、主権者の権利は個人の権利の保護を条件とするということである。リベラル派はそれゆえに、おおむね、国際法、ルールや規範の集団的な交渉、人権の国際的な保護を強く支持するのである。最後に、リベラル派は貿易の平和をもたらす効果を信じているので——制限のない貿易が共通の利益を増進させる効果を信じているので——彼ら彼女らは、異口同音、国家間の自由貿易の熱烈な支持者なのである。関税障壁のない貿易をともに行う国家は、自国の製品を市場によって決められた価格で売ることができ、相互依存の網のなかに組み込まれ、これらによって紛争のコストを引き上げるのである。

リベラリズムが政治的権威のグローバルな編成をその中心的な関心事項にしていることはきわめて明瞭である。正統なパワーへの関心がリベラルな国家間理論へと沁み込んでいる。国民主権を土台とする国家が正統な国家であり、このような国家が増え、このような国家がリーダーシップを執ることが、平和の不可欠な条件であるとみなしているのである。著名なリベラル派、たとえばロバート・コヘインらは、また、（国連やWTO、気候変動に関するパリ協定など）国際制度に権威を付与することは国家にとって合理的で正しい行いであると信じている。これらの制度が国家の共存や協力を可能とするからである。最後に、リベラル派はリアリストたちと覇権への関心を共有している。とくに自由主義的な覇権である。たしかにほとんどの国家は紛争を少なくし協力を促進させることに関心を抱いており、自由主義国家はこの目的のために制度を利用することを好む。だが、多くのリベラル派は、イギリスやアメリカのような自由主義の覇権国が必要だ、と主張している。自由主義的な国際秩序の種を植え、法の支配、自由貿易、人権の保護を保証する制度的な枠組みの構築を支援するためには必要だ、としているのである。リベラル派の国際政治学者の第一人者であるジョン・アイケンベリーは、アメリカが一九四五年以降に行ったことはまさしくこれであると主張している。アメリカが「自由主義的な覇権秩序」の構築を指導したのであるが、この秩序を特徴づけているものは、広く合意されている制度のルールと慣行、それと広く受け入れられているアメリカのリーダーシップである。アメリカのリーダーシップは、まず冷戦の西側で受け入れられ、その後グローバルに受け入れられた。

コンストラクティヴィズム

コンストラクティヴィズム［社会構成主義］は——その名前が示すとおり——国際関係の社会的に構成された性質を強調する考え方である。コンストラクティヴィズムによれば、人間は自分の周囲の世界を解釈するために用いている社会的意味を通すか、物事を理解し評価するための共通の考え方や価値を通した場合にのみ、自分がいる周囲の世界を知ることができるのである。たとえば、オーストラリアの先住民たちも入植者たちも同様の物理的空間に暮らしている。ところがこの二つのグループは、全般的に見て、この同じ空間をかなり異なる形で理解している。先住民たちにとってはこの空間は精神的領域であり、そこでは文化と土地は深く絡みあっている。入植者たちにとって、この空間は所有したり値をつけたり、売ったりできる取引可能対象なのである。アレキサンダー・ウェントら代表的なコンストラクティヴィストたちは、「現実世界」の存在を否定しているわけではないが、彼ら彼女らはその世界についてのわれわれの認識は、考え方の枠組み、文化的なシンボル、社会的言説や社会的慣習を介在したものであると主張している。

国際関係論に関して言えば、コンストラクティヴィズムは三つの核となる前提によって特徴づけられている。第一に、リアリストたちが物理的なパワーを強調するのに対して、コンストラクティヴィストたちは考え方の体系に同様な価値を置いている。たとえば、アメリカとカナダ、アメリカとキューバとの関係である。アメリカの北側にはカナダがある。カナダは豊かなミドルパワーであり、相応の軍事的能力を備えている。アメリカの南にキューバがある。キューバは小さくて貧しい途上国である。しかしながら、アメリカが長年にわたって恐ろしい敵であるとみなしているのはキューバのほうである。その理由を、資源の物質的な配分によって説明することは不可能である。これが説明できるのは、アメリカがカナダとキューバ、それぞれにどのような意味を与えているのかを考えた場合に限られるのである。第二に、コンストラクティヴィストたちは、アクターの利益——個人であろうが国家であろうが——はアクターのアイデンティティ、アクターが自らをどのようにみなしているか、他者が自らをどのようにみなしていると考えているかによって形作られると主張している。第二次世界大戦後、アメリカは数多くの利益を追求してきた。しかしながら、アメリカが追求した利益は、ナチス・ドイツが追求したであろう利益とは異なる、自由主義的な政体としてのアメリカのアイデンティティが反映されたものであった。このアイデンティティはアメリカの歴史にそのルーツを持ち、国際的に承認され、促進されているものなのである。最後に、コンストラクティヴィストたちは社会構成——共通の考え方や慣習——の重要さを強調するものの、社会構成は常に人間の信念や行動の産物であると主張している。つまり社会構成は変化するということである。たとえば、二〇世紀までは征服は国家の中核的な権利の一つとみなされていたが、現在では不介入という基本原則の侵害とみなされている。

コンストラクティヴィズムの理論は二つの幅の広い問題に焦点を合わせている。この二つは、両方とも政治的権威のグローバルな編成と直接に関連する事柄である。第一の事柄は、主権国家から成る現在のグローバルなシステムの誕生、そして変異の可能性に関してのものである。［コンストラクティヴィズムは比較的近年に登場した新しい理論であるのだが］コンストラクティヴィズムが登場してきた当時、ほとんどの学者たちは、主権国家によって編成された世界を所与のものとみなしていたが、コンストラクティヴィストたちは、そもそもそれがどのように誕生したのかを探り、長期的な変化について見抜こうとした。当然のことであるが、コンストラクティヴィストたちは考え方や信条の変化を強調している。たとえば、コンストラクティヴィズムの有力な論法の一つとしてジョン・ラギーは次のような主張を行っている。近代の領土主権（第2章を参照）は、ヨーロッパにおいて、財産権についての中世的な考え方――中世では財産権は非排他的な「使用」権であった――が、排他的な財産権という近代的な考え方にとって代わられるまで誕生することができなかったのである。この革新によって、君主たちは自らの主権領土内において至高の権威であるという主張ができるようになり、領土外からの主張を排除できるようになったのである。コンストラクティヴィズムの理論の第二の線は、国際的な規範の発展に焦点を合わせたものであり、殊に軍縮、人権、環境、地域のガヴァナンスの発展に焦点を合わせたものである。規範は、一般的に行動についての共有された期待、と定義されており、マーサ・フィネモアやオーディー・クロッツら代表的なコンストラクティヴィストたちによれば、規範は二つの機能を果たしている。規範がアクターの行動を決め、さらには規範がアクターのアイデンティティを形成するのである。第6章で見てゆくように、国際的な人権規範は、個人の不可侵の権利を成文化し、これを促進し、保護するために国家が行わなければならない義務を成文化している。また、国家が自らのアイデンティティを形成する際の基準を提供している。たとえばオーストラリアの政治家たちはオーストラリアを「人権国家の金星」であると自讃している。まさに近代の主権［概念］の発達が政治的な権威を領土で区分された政治的単位のなかに押し込んだように、国際的な規範の発達が、国家という枠組みを超えて、政治的に権威のある基準を打ち建てたのである。さらに言えば、コンストラクティヴィストたちにとってこの二つは密接に関係している。人権規範が、正統な政治的権威の範囲を示そうとしたものであるからである。

英国学派

英国学派は、コンストラクティヴィズムと多くの共通点をもっている。しかしながら、英国学派を紹介するにあたっては、リアリズムと対比させるのがよいであろう。すでに見たように、リアリストは国際システムのアナーキーな性質、つまり中央の権威を欠いたものであることを強調している。リアリストの多数派の主張によれば、このことだけがパワーを求める絶えることのない闘争の原動力となっている。しかしながら英国学派はより楽観的である。たとえ中央の権威が欠けている状態であろうとも、諸国家は複雑な社会的関係を築く。英国学派の中心的な理論家ヘドリー・ブルがこの複雑な社会的関係を「アナーキカル・ソサイエティ（anarchical society）［アナーキーな社会］」という有名な言葉で表現している。ブルは次のように主張している。［主権国家

から成る社会あるいは国際」社会が存在していると言えるのは、

ある程度共通の利益と共通の価値を認識している国家の集団が社会を築き、この社会を構成する国家が、互いの関係について一式の共通のルールによって自らが制約を受けることを認識しており、共通の制度を共同で機能させているとき

少なくとも述べられることは、物理的な安全、領土的な財産権の安定はすべての国にとって利益となっており、これに関する約束事——たとえば条約義務など——は守られているということである。英国学派の主張によれば、このことが国家を共通のルール（たとえば、主権、内政不介入の原則、自決権の相互承認や武器使用の制限）への同意へと導き、こうしたルールを支える制度（とくに外交、国際法、大国による運営、協調的な勢力の均衡さらには戦争）の構築へと導いているのである。英国学派は、初期の国家から成る社会が一五世紀のヨーロッパにおいてどのように誕生し、しだいに拡大し、地球全体を包むまでになり、結果として現在のグローバルな国際社会にまでなったのかについて、かなりの関心を寄せている。さらには英国学派のなかでも激しい議論がある。「多元主義者たち（pluralists）」は、国際社会は主権や不介入のような枢要な原則が厳格に守られた場合にのみ存続できると考えており、「連帯主義者たち（solidarists）」は、国際社会はこれらの原則について人道の名のもとに妥協を行わないならば（倫理的にも実際にも）崩れると考えている。後者の学者たちは一九九〇年代に人道的な介入を求める運動の先頭に立ち、「保護する責任（Responsibility to Protect）」（R2

P）という国際的な行動概念の主唱者となった。彼ら彼女らは、主権国家には自国民を保護する責任があり、主権国家がこれを行わない場合、国際コミュニティが介入する責任を有すると考えている。

見方によっては、英国学派は政治的権威の単一の編成——最初ヨーロッパに誕生し、のちにグローバルなものとなった国際社会——の性格、歴史、重要さに全神経を集中させてきたとも述べられる。ここで注意が向けられているのは、物質的なパワーがどう配分されているかではなく、この学派が好む用語でいう「国際システム」がどうなっているのか、つまり、正統なパワーがどのような形態になっているのかについてである。この社会の構成員である国家にとって、国際社会とそれを支えるルールと制度は、それそのものが正統なのである。国際社会は国家によって構成されている社会であり、国家の日常的なふるまいによって維持されている社会である。そうはいうものの、国際社会は、より深い意味において政治的権威の形態なのである。リアリストによれば、国家が存続できるのはその国家単独による場合か、強力な同盟国の支援によるのかにかかわらず、自衛ができる場合に限られる。しかしながら英国学派の理論家たちによれば、国家に主権を授けるのは国際社会なのである。言い換えるならば、主権は、ほかの国々がそれを認めることによって初めて主権となるのである［われわれは歴史にこのことを見ることができる］。西洋諸国は長年にわたって非西洋世界の植民地の人々の主権を認めることはなかった（このことは第6章においてさらに議論する）。一方、その後の時代、グローバル・サウス（Global South）のかつて植民地であった国々は物質的に脆弱であるにもかかわらず存続できるようになった（第2章で議論した）。この差を分かつポイントは、国家から成る社会がその国の主権を認めたか、それとも認めなかったのか、という点である。

フェミニズム

フェミニズムは、リアリストと同様にパワーや安全を中心的な関心事項としており、リベラリズムと同様に、一般的な理論的観点を国際関係論に移し入れている。この移し入れは多くのやり方で行われているものの、フェミニズムの視点はいくつかの核となる考え方や行動の周辺に集約されている。リアリストは主権国家間、とくに大国間のパワーの差に焦点を合わせているが、フェミニストたちはジェンダー間のパワー差、つまり女性のパワーと男性のパワーの差に焦点を合わせている。〔国際関係論の〕フェミニズムの先駆者の一人シンシア・エンローは、ほとんどの国では男性が高い地位を独占し、世界の外交団を占め、世界の軍隊で支配的な立場にあり、世界の土地の大半を所有し、それでいて農業労働をあまりせず、概して女性よりも高い報酬を得ていると述べ、さらに諸事例をあげている。第二に、フェミニストたちの主張によれば、こうしたことは、物質的な違いにとどまらず、支配的な知識体系によって支えられたものなのである。正しい知識とされているもの、世界を理解し、世界を秩序立てるための概念や理論、社会の歴史や成功を語る際に用いられる物語（ナラティブ）、議論する際の正しいとされるやり方、これらすべては、ジェンダーに基づくパワーの階層を維持するためのものとして機能し、結果を認めたり、あるいは曖昧にしたりする機能を果たしている。たとえば世界の軍隊は男性によって支配されているだけにとどまらず、男性らしさ、女性らしさという深く社会に刻まれた概念がこのことを正統化している。つまり、誰が戦うことができ、誰が戦うことができないということが、考え方として国家の物語（ナラティブ）のなかに練り込まれているから、そうなっているのである。第三に、これらすべてが安全保障に深い影響をもたらしている。ジェンダーに基づく階層は、ほとんどの国内社会を悩ませている家庭内暴力という病理の背景にあるばかりではなく、内戦と国家間の戦争に共通して付き物となっている性的暴力の背景にもある。さらに、フェミニストたちの主張によれば、男性が国家の意志決定、外交のプロセス、軍隊を独占していることが、争いをエスカレートさせ協力の機会を排除するので、戦争を起こりやすくさせているのである。フェミニズムの国際関係の理論家たちは、世界政治という舞台においてジェンダーがどのように機能するのかを探るにとどまらず、国際関係の理論を下支えしている想定を批判し再構築しようとしているのである。

ほかの理論と同様に、フェミニズムも政治的権威のグローバルな編成を中心的な関心事項としている。しかしながら、ほかのすべての理論が政治的権威やその配分をジェンダー的にニュートラルなものとして扱っているのに対して、フェミニストたちは政治的権威の男性的な性格を強調し、ジェンダー的な結果を強調している。この点を説明するよい例が、第1章での議論において用いたロレンツェッティのフレスコ画である。第1章において私はこのフレスコ画を正当、もしくは正統なパワーとしての政治的権威を説明するために用いた。しかしながら、このフレスコ画は同時にこのようなパワーのジェンダー的な性格をも説明するものともなっているのである。正統な統治者として描かれているのは男性であり、剣と盾（男性のパワーの古典的なシンボル）を持っており、描かれている市民全員が男性なのである。女性は目立つように描かれているが、もっぱら――正義、寛大、平和などの――市民的美徳の象徴として描かれている。ロレンツェッティのメッセージは明確である。政治的権威は男性的な制度であり、政治の担い手は男性である。女性は描かれてはいるものの、歴史を通じてそうであったように、また多くの文化においてそうであるように、権威としてではなく権威のシンボル的な精神的守護として描かれている。フェミニストの国際関係論の理論家たちにとって、このことは政治的権威のグローバルな編成の決定的な特徴なのである。覇権であろうが帝国であろうが国際社会であろうが、これらすべては正統な権威の配分である。しかし、これらはすべて男性的な（そして女性的な）シンボル、物語（ナラティブ）、行動を通じた男性支配という特権を内に含んだものなのである。エンロー、ジャッキー・トゥルー、アン・ティクナー、ローラ・シューベルイらフェミニストの学者たちは、こうした政治的権威のジェンダー的な構造の働きを理解しようと努めているにとどまらず、ジェンダーによる階層、性による差別や性的暴力を無視したうえでなされている社会が進歩しているという主張を拒絶しようとしているのである。

ポスト・コロニアリズム

第2章において、現在の主権国家から成るグローバルなシステムがここまで魅力的なのはその新しさであり、実際、どんなに長く見たとしてもわずか五〇年ほどしか存在していない、と主張した。これが誕生する以前、政治的権威は帝国を土台にして編成されたものであり、ほとんどは少数の西洋の主権国家と結びついていた。そのことの逃れることのできない影響として、われわれは帝国の影のもとで暮らしている。この影は国際関係の日々の動き、世界経済の機能、不平等や排斥の繰り返されるパターン、人種的、文化的言説、旧植民地や帝国本国といった区分けに深い影響を与えている。この現実に最も直接的に向き合っている理論がポスト・コロニアリズムである。先駆的なポスト・コロニアル学者のエドワード・サイードは次のように述べている。「支配や、パワーや富の不平等は、人間社会の永続的な現実である」、「しかし現在のグローバルな環境のもとでは、これらは帝国主義、帝国主義の歴史、帝国主義の新しい形態と繋(つな)がりのあるものとも解釈できる」。文明人、野蛮人、未開人という法的区分を生み出したのは帝国主義であり、そして帝国主義の影が、これらを第一世界、第二世界、第三世界という分類に移し入れ、のちにこれらは先進国、途上国と分類されるようになった。このような階層的な分類の物質的な影響はかなり明白なものであり、ポスト・コロニアル学者たちはこのことの支えとなっている知識や行動を批判し、転換させることに焦点を合わせている。ポスト・コロニアリズムで優勢となっている派は、歴史を読み直し、植民地支配を受けた側の視点で帝国主義を追体験することによって、西洋を中心にした見方を転換させようとしている。別の派は、アレクサンダー・アニエヴァス、ニヴィ・マンチャンダ、ロビー・シリアムによって近年出版された書籍に詳述されているように、公式の帝国の考え方や行動といったものからさらに一歩先へ進んで、長年存続しているグローバルな「人種差別（colour line）」の存在や影響を次のように強調している。白人と黒人の区別、前者を後者の上に置く長年にわたる階層化は、グローバルな不平等の軸――「アメリカなどの」移住民社会において現在も続く人種差別や人種的な暴力からグローバルな富の偏在に至るまで――のほとんどすべてに広まり、下支えとなっている。

明らかとなりつつあるように、ポスト・コロニアリズムの理論家たちは、帝国主義、人種的、文化的階層、またこれらの継続的な現れや帰結というレンズを通して、政治的権威のグローバルな編成を見ている。英国学派と同様にポスト・コロニアリズムは、帝国から成る世界から主権国家から成る世界への時代的転換に注目するという点において突出している。しかしながら、国際社会は進化するにしたがって「宗教やジェンダーはもちろん、人種や文化、イデオロギーによる区別を気にしなくなってきた」とする〔国際関係論学者〕ロバート・ジャクソンらの主張を、誇張された愚かな妄想として退けている。ポスト・コロニアリズムの理論家たちは、その逆こそが正しいと主張し、次のように述べている。帝国の終焉とともに階層的な世界は主権平等の世界に変わったなどというナイーヴな思い込みこそが、人種的な階層の継続を覆い隠すものであり、形式的平等や法的平等などという言葉を意味のないものとしている。また、国際関係論の新しい潮流は、アナーキー（中央の権威が存在しないこと）は階層の逆であるという古い想定に挑戦し、まさに階層こそが現在のアナーキーを特徴づけるものであると主張〔「覇権安定論」などのこと〕しているのであるが、ポスト・コロニアル学者たちはさらに上を行き、このように主張されている階層とされるものの多くは人種的に捻じ曲げられたものであり、その起源は植民地時代にあると主張している。最後に、多数派の学者たちは国際的な人権規範が国家の主権を制限したり限定したりすることを称讃しているが、ポスト・コロニアリズムの理論家たちは、「人間」という分類が普遍的とみなされるようになったのはつい最近のことであり、人種の線によって黒色とされた側の人々は長年にわたって権利を持った人間としてみなされることを拒絶されてきたと強く述べている。ポスト・コロニアリズムの理論家たちはまた、人権という言葉が西洋の強国による介入を正統化するための都合のよいイデオロギーとして用いられてきたということを強調している。

3　まぜて、調和させ、借用せよ

ここまで、国際関係論において優勢となっているいくつかの理論的な観点を紹介するために、これらの議論を概観しながら各理論の基底となっている想定を簡単に説明し、各理論が政治的権威のグローバルな編成をどのように捉えているのかを描きだしてきた。しかしながら、ここで補足しておきたいことは、国際関係論においてわれわれが発する多くの疑問に対して、ただ一つの理論だけを用いてすべての疑問に答えを出すことは不可能だということである。自らのお気に入りの理論でこれを成し得ると考える者は皆、すぐにいわゆる「シンデレラ・シンドローム」と呼ばれるものにはまり込むこととなる。はるかに大きな世界を、見事に作られてはいるものの小さな理論というガラスの靴に無理やり入れようとすることである。より賢明な方法は、国際関係において興味を持った疑問からスタートし、その疑問に取り組むには既存のどの理論を用いるのがよいか、あるいは新しい理論上の考えを用いるのがよいのかをオープンに考えてみることである。これはしばしば折衷的であるということを意味する。異なる理論の考え方をまぜて調和させることによって、しばしばその疑問への最適な手がかりが得られる。さらにはかなりの頻度で、ほかの学問分野の理論的観点を利用することによって大きな洞察が得られる。実際、学問分野の一つとしての国際関係論の大きな強みの一つ――国際関係論に活力やダイナミックさを与え続けているもの――とは、人類学、経済学、法律学、歴史学、社会学などといった分野の考え方に対する開かれた心なのである。

第4章　戦争

戦争が、現在、アフガニスタン、イラク、リビア、スーダン、シリア、イエメンを引き裂いている。ここに列記したのは最も名の知られた事例だけである。そして、これらの紛争は多くの場合「内戦（civil wars）」――国家の内側でのライバル・グループ間の戦争――と表記されているが、この表現はイラン、ロシア、サウジアラビア、トルコ、アメリカといった外部勢力の存在を深く暗示させる。一方、テロに対するグローバルな戦争は継続中であり、新しい形態の超国家的な非国家暴力を抑え込もうという終わりの見えない挑戦であるかにも見える。主権国家の軍隊同士が領土的支配のために戦うという古典的な国家間戦争はかなり減少している。だが、イラン―アメリカ間、インド―パキスタン間、ウクライナ―ロシア間、そして南シナ海で高まりつつある緊張によって、ヘドリー・ブルが「狭義における」戦争と名づけた戦争をふたたび目撃することになるかもしれないという恐怖は、日々上昇しつつある〔原著執筆時点。二〇二二年二月二四日、ロシアのウクライナへの侵攻によりウクライナ―ロシア間の戦争は実際に勃発した〕。

ここにあげたような諸事例をすべて引き合いに出して、国際関係とは政治的権威のグローバルな編成をめぐるものではなく、物理的なパワーをめぐる闘争——多くの場合は暴力的な闘争——なのではないかと主張する方々もあろう。そのような主張を行う方々にとって、トゥキュディデスの有名な『戦史——ペロポネソス戦争史』（アテナイとスパルタがそれぞれの同盟諸国と紀元前四三一年から四〇四年にかけて戦った戦争）が国際関係の本質なのであろう。この戦争の最中、［紀元前四一六年のメロス包囲戦で］勝った側のアテナイの将軍たちは、メロス人たちに「強者と弱者とのあいだでは、強きがいかに大をなしえ、弱きがいかに小なる譲歩をもって脱しうるか、その可能性しか問題となりえないのだ」［久保正彰訳、トゥキュディデス『戦史』（中公クラシックス）二〇四頁］と述べ、それから成人男性全員を処刑し、女性たちと子供たちを奴隷として売り飛ばした。

だが、よくよく見てみると、戦争が政治的権威の編成と密接な関係があるということが浮かび上がってくる。第一に、戦争は政治的権威のシステムを構築したり維持したりするのに重要な役割を担っている。たとえばヨーロッパにおいて主権国家が誕生するに際しては中心的な役割を果たし、国際コミュニティは国家から成る現在のシステムを維持するために定期的に戦争を用いている（その最も新しい例はＩＳＩＬに対する戦争である）。戦争遂行が、政治的権威の主要な創造主ともなってきたのである。偉大な社会学者マックス・ウェーバーが観察したように、主権国家の際立った特徴とは、主権国家が暴力の正統な使用を独占しているという点であり、これはほかのアクターには認められていないことなのである。そして、戦争は国際関係において正統なコントロールを受ける主要な対象なのである。国家間に何らかの秩序を築くためには、何よりもまず戦争を合意されたルールの下に置くことが必要とされている。つまり、どんな主体が戦争を遂行できる正統な権威を有しているのか、どんな場合にその権威を正統に行使できるのか、どのような種類の暴力が容認されるのか、その容認されうる暴力はどんな場合に正当に行使できるのか、などのルールである。

単純化された説明に反して、トゥキュディデスの究極的な関心事は政治的な権威と戦争との関係にあった。『戦史』の主題は、正統なパワーもしくは正統な権威とみなされていたアテナイによる覇権の衰退である。「力は正義」というアテナイの宣言に対する回答として、メロス人たちはアテナイ人に次のように警告を発した。

とりもなおさず相身たがいの益を絶やさぬことではないか。つまり人が死地に陥ったときには、情状にうったえ正義にうったえることを許し……しこうしてこれは諸君にとってはいっそう大なる益、諸君の没落はかならず諸国あげての報復を招き、諸君が後世への見せしめにされる日もやがてはくることを思えば〔久保訳、二二五頁〕

トゥキュディデスはこの言葉の重要さを『戦史』の最後のシーンで力説している。アテナイ人がシチリアへの侵攻に失敗する場面である。アテナイ人は、「あらゆる面で徹底的な敗北を喫し、どの点を見ても彼らの損失の大ならざるはな」いのであった〔久保訳、三〇九頁〕。

本章では、戦争と政治的権威の編成の関係を探索してゆきたい。もう少し具体的には、戦争が政治的権威の編成を創ったとはどういうことか、戦争はこのような編成の創造主として機能したというのはどういうことか、戦争それ自体が権威によるコントロールの対象となっていったというのはどういうことか、を探ってゆきたい。これらの関係は全体として、政治的権威のグローバルな編成に深い影響を与えた。また反対に、政治的権威の編成もこれらの関係に深い影響を与えたのである。だが、それらの探索へと入る前に、私が組織的な暴力としての戦争をどのように定義しているかを述べておく必要があろう。また、国際関係においてこのような組織的な暴力はいくつかのタイプに分類できるのであるが、本章の結論部では、これらの組織的暴力のタイプごとの相対的な発生比率がどのように変遷してきたかについて考察してみたい。

1　組織的な暴力としての戦争

戦争の定義

ヘドリー・ブルは古典的名著『国際社会論――アナーキカル・ソサイエティ』のなかで「狭義における戦争」とは「主権国家によって遂行される組織的な暴力であり、国際戦争もしくは国家間の戦争」であると定義している。このような戦争の例は数多く存在する。一八〇三～一五年のナポレオン戦争、一八五一～五二年のラテン・アメリカでのラ・プラタ戦争、一八七〇年の普仏戦争、第一次世界大戦、一九三一年の満洲事変、第二次世界大戦、一九六五年の印パ戦争、一九七三年のヨム・キプール戦争〔第四次中東戦争〕、一九九〇～九一年の湾岸戦争、二〇〇三年のイラク戦争などで、さらに数多くの例をあげることができる。これらの戦争とここに例をあげなかった国家間戦争において、幾多の命が失われ、政治や社会のあり方に深遠な影響を与えてきた。だが、われわれが日頃用いている「戦争」という語は、「狭義における戦争」からは乖離したものである。われわれは内戦も「戦争」と呼び、国家と超国家的なテロ集団との闘争も「戦争」と呼び、ライバル関係にあった帝国間の衝突も「戦争」と呼び、植民地宗主国と現地住民のあいだの暴力的な衝突も「戦争」と呼んでいる。

人によっては、このように拡大された意味での「戦争」という語を、誤った言葉の用い方、もしくは、紛らわしくて誤った用い方であると主張している。しかしながら、われわれは二つの説得力ある理由からこの用法に惹きつけられる。第一に、右にあげた例はすべて――「狭義における戦争」もそうでない「戦争」も――組織的な、目的をもった暴力を伴うものである。直観に素直に従うならば、白人の入植者たちの現地の住民たちに対する開拓者戦争も、一八九九～一九〇二年のボーア戦争も、一九八〇～八八年のイラン・イラク戦争も、異なったタイプの戦争であり、一つは戦争で残りの二つは戦争以外の何か、とはならないだろう。第二に、戦争を主権国家間の戦争という狭い意味で定義して、この定義を一貫して適用しようとした場合、分析の対象をかなり狭めることになってしまう。たしかに、この定義を用いた場合でも多くの大規模な闘争や重要な闘争を含むことにはなる。しかしながら、第1章と第2章で見たように、世界が主権国家によって編成されるようになったのはかなり最近のことであり、多くの暴力的で政治的に重要な闘争は、主権国家以外のアクター間でのものであった。ギリシャ・ペルシャ戦争（紀元前四九九～紀元前四四九年）、ローマによるブリタンニア征服（四三年に開始）、スペイン継承戦争（一七〇一～一四年）、アヘン戦争（一八三九〜四二年と一八五六〜六〇年)、これらはすべて主権国家ではないアクターが関与したものであった。「狭義における戦争」から離れて考察することによって、これらの闘争も考察の対象となり、戦争と政治的権威の編成の移り変わりの関係をより幅広い観点から考察することが可能となるのである。

それゆえ、私は著名な戦略研究家ローレンス・フリードマンに従い、戦争を、目的をもった組織的暴力であると定義したい。戦争は「目的をもった」暴力である。当てずっぽうにふるう暴力ではないからである。つまり、戦争は常に何らかの目的をかなえるために行われるのである。その目的自体はかなり千差万別である。組織的な暴力である戦争は、優位を確立したり、名声を獲得したり、領土を獲得したり、体制を転覆させたり、国際秩序を再構築したり、自国民を保護したり、国内の反体制派をひねりつぶしたり、混乱や不安定を引き起こしたり、人々を根絶させたり、人々に屈辱を味あわせたり、破壊したり、略奪したり、ナショナリズムを喚起したり、社会秩序を強化したり、これらのどれかあるいは全部を防いだりする目的で行われる。肝心な点は、フリードマンが説明しているように、「当てずっぽうの暴力の行使や暴力を伴わない闘争は、戦争には含まれない」ということである。戦争は二つの理由があるがゆえに「組織的な」暴力なのである。第一に、戦争は与えられた目的を達成するために生み出される。そして第二に、戦争は集団で行われる。戦争は社会的な協力や協調を伴うものなのである。一匹狼の個人による暴力は、計画的で綿密に遂行される場合もあろうが、戦争の特徴である集団性という要素を欠いたものなのである。

四種類の戦争

歴史的に、政治的権威のグローバルな編成は主に四つの種類の、目的のある組織的な暴力によって形成されてきた。第一はコンスチチューションの戦争（wars of constitutions）である。このタイプの戦争では、暴力は政治的権威の大規模な編成を作り変えるために用いられた。有名な一六四八年のウェストファリアの講和［「ウェストファリア条約」や「ヴェストファーレン条約」とも訳される］に先立つ宗教戦争がその代表例である。宗教戦争は、ヨーロッパでのヘテロノミーの消滅（第2章を参照）と主権国家から成る初期のシステムの誕生に重要な役割を果たした。第二はポジションの戦争（wars of position）である。この戦争では、すでに存在している政治的権威の単位が、支配もしくは生存を懸けて戦う。このタイプの戦争では、都市国家、帝国もしくは主権国家が、自らの支配を拡大するかもしくはより確固としたものとするために軍隊を用いる。アテナイとスパルタが戦ったペロポネソス戦争、中国の戦国時代の闘争（紀元前四七五～紀元前二二一年）、クリミア戦争（一八五三～五六年）、二度の世界大戦、イラン・イラク戦争（一九八〇～八八年）は、すべてこのタイプの戦争である。第三は国家建設の戦争（wars of state-making）である。このタイプの戦争には、政治的エリート層がライバルのエリート層や自国民を支配下に置くために行使する暴力が含まれる。一九六五年から六六年にかけて、インドネシアで一〇〇万人とも推定される共産主義者たちが殺されたことはその一例であり、アルメニアやルワンダでの大虐殺、ナチスによる大虐殺も同様である。国家建設の戦争には、また、政府を追放し政治的支配の形態の変更を目的とする革命の暴力も含まれる。重要な例としては、フランス革命、ロシア革命、中国革命での暴力が挙げられる。最後の種類の暴力はテロリズム（terrorism）である。これは、秘密のグループが暴力を行使することによって自らの政策を強要したり、制度を無理やり変更したり、既存の社会システムや経済システム、政治的編成を損なう目的で社会的矛盾、政治的矛盾を悪用する行為である。ＩＳＩＬによる暴力や（二〇一九年三月のニュージーランドでのクライストチャーチモスク銃乱射事件のような）極右白人至上主義者による暴力が、現代の主要な例である。

2 政治的権威の構築や維持

リアリストは、政治的パワーの構築、維持、行使、そして国際システムにおけるパワーの配分の形成や再形成に戦争が重要な役割を果たしている、と長年にわたって主張している。第一次世界大戦の破滅的な暴力を考えてみるだけでも、パワーの古い配分形態を解体し新しい配分形態を形成する戦争の力を否定することは難しい。だが、戦争には、イギリス、フランス、アメリカにより多くのパワーを授け、ドイツとトルコのパワーを減らしたという例に見られるような単に物理的なパワーの再配分をするというだけにとどまらず、それ以上の機能がある。戦争は、また、政治的権威を再構成したり、より強固なものとしたりするのである。戦争は主権国家が生まれるのを手助けしたが、統治者たちは戦争を遂行するにあたって、自分たちのパワーを、そして国家そのものを正統化するために、自分たちが統治する社会と取引を行う必要に迫られたのである。大規模な戦争は国際秩序を引き裂くが、いったん戦争が終了すると、戦勝国の側は新しい秩序を構築するという大胆な行為に出て、どんな種類の政体が正統であるかを定義し、正統な政治的行動の範囲を定める。そしていったん新しい秩序が確立されると、戦争はしばしば国際秩序を維持し、その国際秩序のルールや慣習を守らせるための手段の一つとなるのである。

戦争による主権国家の正統化

著名な社会学者で政治学者のチャールズ・ティリーが「戦争が国家を創った」という有名な言葉を残している。しかしながら、ティリーが述べたこととは、戦争を戦ううえでの武勇が主権国家誕生の必要かつ十分な条件であるというような単純なものではなく、さらに深い意味がある。ティリーはヨーロッパにおける国家の誕生を考察しながら、次のような主張を行っている。二つのタイプの戦争行為によって、近代の統治者たちは自らの統治を固めていった。最初のタイプは、外部のライバルたちを撃退するために戦った戦争である。本書においてわれわれが「ポジションの戦争」と呼ぶものである。しかしながら、同じくらい重要なものが「国家建設の」戦争である。これは、統治者たちが国内のライバルたちを抑えつけるために行った戦争である。この二つのタイプの暴力は、組み合わさることによって、統治者たちに、与えられた領土という範囲の内において優越（primacy）を確立する術（すべ）を与えたのであった。ティリーの主張はここで終わらずさらに続く。戦争を戦ううえで、統治者たちは資金と資源を必要としていた。統治者たちは資金と資源とを確保するために、主要な社会的グループ（地主層や商人たちなど）と取引しなければならなかった。統治者たちは税金を徴収するのと引き換えに、これらのグループに安全や政治的権利の提供を約束したのである。後者はやがて統治者たちの権威に立憲主義的な制約を課すこととなり、初期の議会のような制度の発達をうながすこととなった。

この二つが、主権国家を正統化する働きをしたのである。つまりこれらによって、国家は単なるパワーではなく、政治的権威の単位となったのである。このことの典型的な例はイングランドの歴史に見られる。一二一五年のマグナ・カルタ以降、君主が徴税を行いうるかどうか（そして戦争を戦いうるかどうか）は、発展を続けていた議会の意向しだいということになった。

戦争による国際秩序の構築

戦争が政治的権威の編成を形作るうえで果たした二つめの役割は、古い配列を解体し政体の新しい編成を強いたということである。すべての戦争がこのような機能を果たすわけではないが、この機能は大きな戦争——第一次世界大戦や第二次世界大戦のように国際システム全体を巻き込むような戦争——で繰り返し見られる特徴となっている。このような闘争は、過去の秩序の痕跡を完全に破壊することまではできないが、過去の秩序の価値について広範な疑問を鮮明な形で投げかけ、異なる編成の政治形態につながるような類まれな機会を提供する。驚くべきことではないが、西洋の国際関係論学者のほとんどが関心を寄せてきた戦争——宗教戦争、ナポレオン戦争、二度の世界大戦——のあとには、大きな講和会議（ウェストファリア、ウィーン会議、ヴェルサイユ会議、サンフランシスコ会議）が行われてきた。これらの会議の主要な目的は、ふたたび戦争が起ることのない新しい国際政治秩序を構築することであった。これらの会議の討議を形成したものは、常に、何が闘争の原因となったのかについてであった。これは、誰がその戦争を始めたのかというにとどまらず、闘争を生み出した経済的、社会的、政治的環境についての考え方も含まれる（宗教上の分断、帝国間のライバル心、武力競争、経済崩壊など）。

新しい国際秩序を構築しようという努力は、必ず、主要なアクターの政治的利益と、不安的の原因と取り組むにあたって彼らが好む戦略とのあいだの妥協が反映されたものとなるのである。しかしながら、これらの交渉を支配するのは次の三つの問いである。正統な政治的単位となるものは何であるのか（君主国、帝国、国民国家など）。正統な力の行使に制約を課すべきなのか、そしてもし課すのであれば、どのような制約を課すべきなのか。紛争を平和裡に解決するにはどのような制度が必要なのか。ヨーロッパにおいては、第一次世界大戦を終結させたヴェルサイユの講和は、これらの問いへの取り組みであった。正統な政治的単位は民族によって区切られた国民国家であるとされ、それ以外の場所は帝国が統治することとなった。戦争を防止する目的で新しいグローバルな機関である国際連盟が創設され、加盟国はすべての紛争を国際的な仲裁に委ねることとされた。仲裁に委ねられることのない紛争は、いかなる紛争であろうとも違法と宣言されることとされ、戦争当事国は国際的な制裁を受けることとされたのである。この制度による解決策が悲劇的な失敗に終わったことは、二〇世紀の歴史に深く刻み込まれている。そうはいうものの、ヴェルサイユの講和は、世界戦争の再発に失敗したとしても、政治的権威の編成に深い影響を残した。ドイツ、オーストリア＝ハンガリー、オスマンの各帝国が、多くの新しい主権国家にとって代わられたというだけにとどまるものではなかったのである。

戦争と国際秩序の維持

戦争は、主権国家のような政治的権威の単位が生まれるのを手助けし、政治的景観を作り変える機会と必要性とを提供するのに加えて、政治的権威の歴史的な配列を擁護するための手段ともなる。ヘドリー・ブルの戦争に対する見方はすでに紹介したが、ブルは主権国家間の秩序を支えるために用いられる五つの基本的な制度を列挙している――外交、国際法、大国による管理運営、戦力均衡、そして、最後に忘れてはならない戦争、この五つである。戦争を制度の一つとして理解するというのは、学生諸氏にとってなかなか受け入れがたいことであろうが、ブルはこれには二つの意味があると述べている。ブルは、戦争をルールによって統制される活動だとみなしていた。戦争は常に基本となる諸規範によって制約を受けている。たとえば、中世の男性的な騎士道精神や、現代の兵士間に見られる兵士としての「敵味方を越えた」仲間意識、あるいは戦時国際法（これについては、のちにさらに言及する）のようなさらに公的なルールによって制約されている。ここで肝心なポイントは、ブルは戦争を、国際社会のルールを支えるための社会的に許容された手段ともみなしていたという点である。政治的権威が個々の主権国家によって担われている世界においては、主権の相互尊重、内政不干渉、自決権などといった基本的原則は保護されなければならない。そして歴史的に、戦争はそのための重要な手段の一つだったのである。この点の教科書的な例は、一九九〇〜九一年のペルシャ湾岸戦争である。イラクが隣国のクウェートに侵攻したのであるが、これは内政不干渉という法的ルールを明らかに侵害した行為であった。この時、国連安全保障理事会は国連憲章第七章の強制措置に基づき、アメリカが率いる多国籍軍が「地域の国際的平和と安全を回復するために……必要なすべての手段をとる」ことを承認したのである。それを受けて、多国籍軍は大規模な軍事作戦を展開し、イラク軍をクウェートから追い払うことに成功した。だがその過程において、三万人のイラク人の命が失われたと推計されてい

図2　国際社会のルールを維持するための戦争。イラクの「死のハイウェイ」(1991年)

る(図2参照)。これよりも明白ではない事例は、二〇一一年のリビアへの人道的な介入である。これもまた、国連安全保障理事会によって承認されたものであった。これは、多くの人々にとって「保護する責任」――この教義のもとでは、国際社会は国家が大規模な残虐行為を行うことを阻止する責任を有している――という新しい教義を諸国が正しく支持した例であった一方、別の人々にとっては、内政不干渉というより根源的なルールの侵害であった(とくに、安全保障理事会は国民の保護を承認したのであって、政権交代を承認したわけではないという理由によって)。しかしながら、双方の立場とも、戦争はルールの制約を受ける行動であり、国際社会の規範を支える重要な手段であるということを受け入れている。両者が一致できない点は、何がこれらの規範に当たるか、そしてどの規範がより優先されるのか、という点のみであった。

3 政治的権威の創造主としての戦争

戦争遂行は、ある形態の政治的権威が構築されるのを手助けし、政治的権威の維持を手助けしてきただけにとどまらず、政治的権威の用心深く守られた徽章(きしょう)ともなってきた［戦争を正統に遂行できることが、その政治的権威が、政治的権威であるという証(あかし)となってきた、ということ］。とくに主権国家から成る現代の世界について見た場合、そうなのである。すでに見たように、マックス・ウェーバーは主権国家について有名な定義を行っている。ウェーバーは主権国家を「一定の領域内において物理的な力を正統に行使できる独占権を主張する（ことに成功した）人間コミュニティ」と定義している。彼は、これが分析のためのガイド、つまり国家とは何かを明示するためのきちんとした定義になることを意図していた。しかしながら、彼は重要な政治的現実をも指摘していた。主権国家は、現在世界中で政治的権威の第一の重要な中心となっているが、この特権的な立場を守るためという理由も含めて、主権国家が暴力の正統な使用を独占することを強く主張しているという現実である。これは、主権国家が物理的に暴力を使用しうる、もしくは使用している唯一の存在であるという主張ではない——パブでけんかをしている人、虐待的な配偶者、強姦犯、殺人者、反乱者たちも、物理的に暴力を行使する主体である。そうではなく、国家が、そして国家だけが、暴力を正統に使用できるという主張なのである。つまり法律を正当に課したり、侵略者を撃退したり、国際法を支えたりするなどの目的で暴力を行使できるということである。ここから見てゆくように、この権利にも制約が存在していないわけではない。国家が正統に暴力を行使できるのはどんな場合であるのかについて制限を課すための国際ルールや国際規範が発達してきたのである。しかしながら、主権に含まれる特権的な諸権利のなかで、暴力の正統な行使という権利がとくに重要であるという点は不変なのである。

だが、国家が暴力の正統な使用の独占権を持ちうる、そして持つべきであるという考え方は、比較的新しい考え方なのである。一九世紀に至るまで、ヨーロッパ諸国は自国の領地の隅々まで力を行使できるだけの力を持たなかった。とくに帝国においてはそうであった［ここでの「帝国」は海外の領地、領土など本国以外の場所を意味する］。それゆえ、そうすることが国家の政治的利益に合致する場合には、ほかのアクターに暴力を行使する権利を授けるということが当然の行為として行われていた。一四世紀から一五世紀にかけて、フィレンツェやミラノなどのイタリアの都市国家は、地域の支配権をめぐる絶えることのない戦争の戦い手として傭兵コンドッティエーリに依存していた。一五八四年、イングランド女王エリザベス一世は、アメリカ大陸へと航海に向かうプライヴェティーアー［私掠船船長：敵対する国々やその船舶、臣下、国民などに対する暴力行為を君主から許可された船長］のサー・ウォルター・ローリーに、「遠方の、異教の、野蛮な土地や国や領地を発見、探索」し、価値があると判断した土地に入植し、その邪魔立てをするすべての者に対して「交戦、駆逐、撃退、抵抗」を目的とした戦争を遂行する権利を授けた。そして、一八五七～五八年のセポイの乱［インド大反乱］までは、インドのイギリス帝国は［つまりインドは］国家によってではなく、イギリス東インド会社という私企業によって統治されていた。帝国のルールを押し付けていたのはこの会社の陸軍であり、この陸軍は一九世紀の頭の時点では、イギリスの国家の陸軍の二倍の規模であったと言われている〔イギリスは伝統的に海軍国なので国家の陸軍の規模は小さい〕。マイソール王国のスルターンは東インド会社を憎むあまり、ヨーロッパ人に襲いかかるトラを模した自動楽器を作製させた。自分自身をシンボル化したものがトラであり、ヨーロッパ人が東インド会社である（図3参照）。

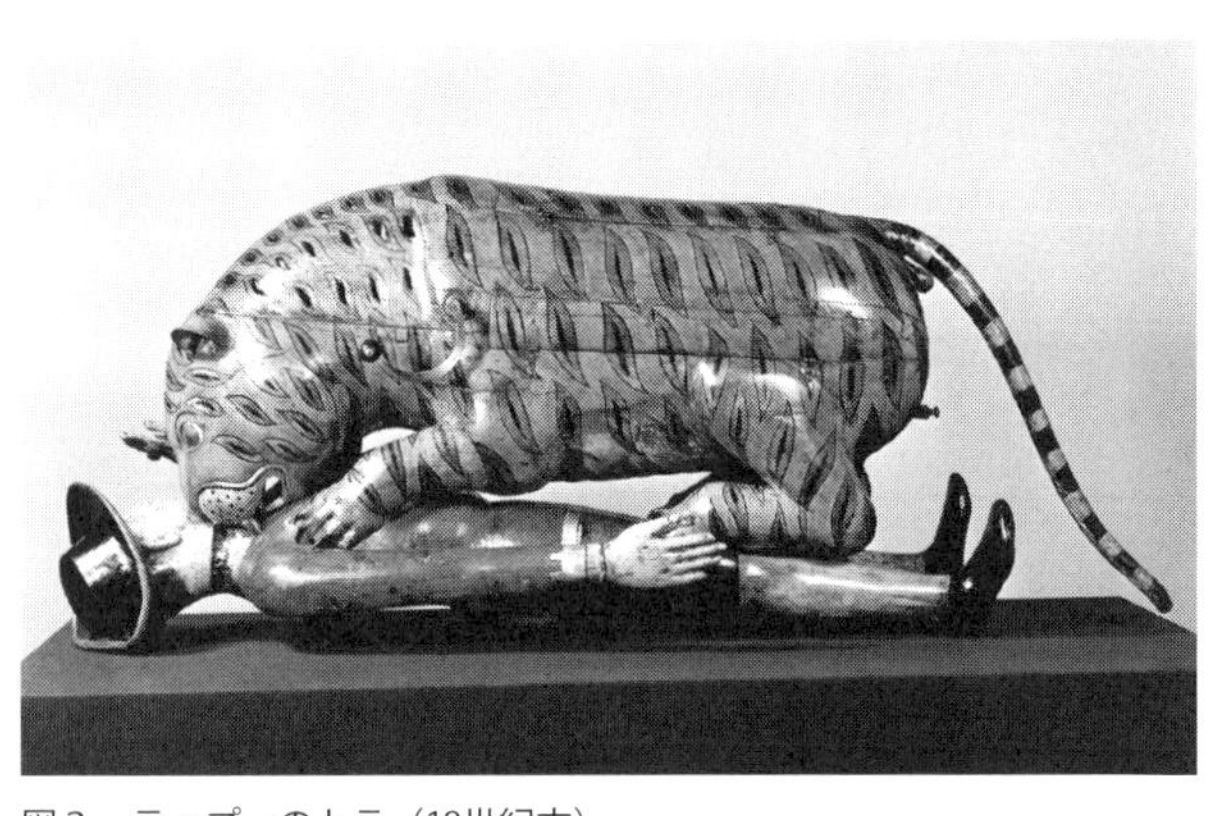

図3　ティプーのトラ（18世紀末）

二〇世紀、ヨーロッパの諸帝国が崩壊し、主権国家がグローバルに広がったのであるが、これは力の正統な行使について国家による独占をさらに強固なものとしようという努力が伴うものであった。このことは二つの例によって説明することができる。第一に、アルジェリアのように反植民地闘争が暴力的なものとなった場所では、当初、植民地宗主国は、フランスがアルジェリア人を「テロリスト」と括ったように、多くの場合独立を求めて戦う側の暴力を非正統化しようとした。ところがのちになると、自決権を求める闘争は植民地支配に対する法に適った自衛であると定義されるようになり、逆に帝国勢力がこのような闘争を押さえつける目的で力を行使することが、正統ではないと定義されるようになった。

さらに、脱植民地化が軌道に乗ると、今度は新しく独立したかつて植民地であった国々が力の正統な使用の独占を強く主張するようになり、新しい独立国内部の反乱者や革命家、分離独立を訴えて暴力行為を行う者を犯罪者として括ることとなったのである。第二に、戦時国際法（のちにさらに議論する）がより精緻なものとなり、主権国家の軍人たちだけが合法的な戦闘員として定義されるようになった。たとえば一九七七年のジュネーヴ諸条約第一追加議定書（The 1977 First Additional Protocol to the Geneva Conventions）（戦時における人道的な取り扱いに関する中心的な国際法）は、傭兵を非合法戦闘員であると定義し、それゆえ傭兵は戦争捕虜に認められた保護を受ける資格がないとされた。これに続いたのが、二〇〇一年の傭兵の募集・使用・資金提供及び訓練を禁止する条約（The International Convention against the Recruitment, Use, Financing and Training of Mercenaries）である。この条約は傭兵の使用を完全に禁止することを目的としたものである。アメリカ［や日本］など主要国の多くは、この条約がいわゆる民間軍事会社の広範な利用を制限することになるというおそれから、この条約に署名を行っていない。しかしながら、これら署名していない国々であっても、これ以外の領域においては、誰が合法的な戦闘員なのかということに関してかなり明確な線引きを行っている。アメリカは、二〇〇一年九月一一日の同時多発テロ事件以降、テロリストたちは非合法戦闘員であるので戦時国際法により通常［戦闘員に］適応される保護を受ける資格がないと主張している。

4　コントロールを受ける対象としての戦争

たとえ戦争が政治的権威の構築と再構築のための原動力であったとしても、また、たとえ戦争遂行の権利が主権国家という権威の創造主となったのであったとしても、戦争はまた、コントロールを受ける必要性が強くある活動である。実際、どのような種類の政治的権威の編成も――主権国家から成る現在の世界でも、その前に存在していた帝国から成る世界においても、中世ヨーロッパのヘテロノミーの政治秩序においても――組織的な暴力が社会的に許容できる範囲に収まっていないかぎり、平和は言うに及ばず安定を得ることはできない。人間社会は、この目的のために男性の暴力を制限する規範を発達させたことから、暴力の使用を警察や軍隊といった権威を与えられた国家組織に制限することまで、ありとあらゆる方法を利用してきた。しかしながら、現代の国際関係においては三つの手段が支配的なものとなった。①戦争がどんな場合に正統に遂行できるかについてのルールを構築すること（ユス・アド・ベルム〔開戦法規、*jus ad bellum*〕）、②戦争においてどのような種類の暴力が許容されるのかを成文化すること（ユス・イン・ベロ〔交戦法規、*jus in bello*〕）、③国際機関に紛争を調停する権限、紛争の正統性を決める権限、武器使用を承認する権限、そしてさらに最近においては、戦争犯罪者を起訴する権限を与えること、の三つである。これら三つの一つ一つが政治的権威のグローバルな編成を再形成してきたのである。

一九世紀以降、戦争を正しく遂行できるのはどんな場合であるかについての国際的な法的ルールは劇的な変化を遂げてきた。ヨーロッパの帝国主義が加速していた一九世紀の後半――このことが最も劇的に表面化したのは「アフリカへの殺到」である――国家は征服という法的権利を享受していた。言葉を変えるならば、当時のヨーロッパの規準では、もしある国がどこかの土地とそこに暮らす人々に対する支配権を確立したならば、それは主権の正統な行使であるとみなされていたのである。このことが最も明確に主張されたのは、一八八四～八五年の西アフリカに関するベルリン会議の一般議定書の第六章においてであった。この会議で帝国列強は、征服した土地における主権を確固たるものとする目的で、そのことについて互いに公式に通知を行い、その土地に効力のある行政権を確立する、ということで合意したのである。この戦争遂行に関してのほぼ無制限の権利の悲劇的な意味合いは、第一次世界大戦によって明瞭に浮き彫りにされた。そして一九二八年、［日本も含めた］主要な国々がケロッグ＝ブリアン協定［不戦条約］に署名した。そのなかで協定国は「国際紛争解決のために戦争に訴えることを非難し、かつ、その相互の関係において国家政策の手段として戦争を放棄」したのである。この法的手段は第二次世界大戦の勃発を防ぐためにはまったく不十分で、この協定への署名が行われてからわずか十年ほどで勃発した。しかしながら、その結果として推計で七〇〇〇万から八五〇〇万もの人命が失われたことにより、戦争行為をコントロールのもとにおく必要性がさらに痛感されたのである。一九四五年に新しく設立された国際連合の憲章は、力の行使が適法とされる条件として、わずか二つの条件を定めている。武力攻撃に対する自衛としての力の

正統な戦争のためのルール――開戦法規

行使（第五一条）と、「国際の平和及び安全の維持又は回復」を図るため、安全保障理事会が承認した行動の一環としての力の行使（第三九条）である。これらのルールは一九二八年の条約よりもはるかに効力が高いことが証明され、現在では、戦争の正統性を判断するに際しての厳格な指標であると考えられている。しかしながら、どのような場合が安全保障理事会の行動として承認される「国際の平和及び安全」への脅威に当たるのかについては、依然として議論が続いている。たとえば「保護する責任」という教義を主張している人々は、ほかの手段がすべて失敗した際には、民族浄化や大量虐殺などといった大規模な残虐行為を防ぐために国際コミュニティは軍事介入を行う責任を有すると主張している。他方、別の人々はこうした主張を否定し、保護する責任などと述べている人々は国際の平和および安全への脅威という概念をあまりにも拡大解釈しすぎており、人道的介入などというものは内政不干渉という主権的権利を侵害するものであると主張している。

戦闘におけるルール——交戦法規

戦争がどんな場合に正統なものとして戦うことができるかについて制限を課すことは、戦争の有害さを抑え込むための歩みのほんの一歩である。どのように戦争を戦うのかが同様に重要なのである。たとえ戦争が、自衛と国際の平和および安全の維持のみに制限されたとしても、そこで化学兵器や生物兵器、核兵器が用いられたり、もしくは勝った側が常に、アテナイ人がメロス人に対して行ったように、負けた側の男性を皆殺しにし、女性全員を奴隷として売り飛ばしたりしたら、悲惨なこととなるであろう。一九世紀末以来、二つの種類の戦時国際法がこの問題に取り組んできた。焦点が合わせられたのは三つの重要な領域である。一つめの領域に含まれるのは、特定の種類の武器の使用を禁じたことである。一八九九年のハーグ条約は、毒ガスの使用、気球から爆発物投下、窒素性ガス入り投射体の発射、〔ダムダム弾などの対人用〕拡張弾頭の使用を禁止した。より近年の発展としては、条約によって生物兵器が禁止され（一九七二年）、化学兵器が禁止され（一九九二年）、対人地雷が禁止され（一九九七年）、クラスター弾が禁止され（二〇〇八年）、核兵器の禁止に向けた新しい条約が締結された（二〇一七年）。また、現在は自律型致死兵器システム（殺人ロボット）の非合法化に向けた大規模なキャンペーンが行われている。二つめの領域は、戦闘員の取り扱いに関するものである。この点に関して重要なのは、一八六四年、一九〇六年、一九二九年、一九四九年にそれぞれ締結された四つのジュネーヴ条約と、一九七七年（第一と第二）と二〇〇五年（第三）に採択されたジュネーヴ条約の三つの追加議定書である。三つめの領域は非戦闘員への攻撃を取り扱ったものである。非戦闘員への攻撃に制限を設けようとする努力は、一八六四年のジュネーヴ条約にまで遡ることが可能である。しかしながら、第二次世界大戦中に行われた市民への大規模な爆撃がさらなる行動をうながし、一九四九年のジュネーヴ条約に結実された。近年は、この禁止をさらに厳しいものにしようという試みが行われており、戦時における性的暴行に関しては、とくにそのことがいえる。

国際機関による政治的権威の制限

戦争がどんな場合に正統なものとして戦うことができるかについて制限を課し、特定の戦い方を禁止することによって、主権国家の政治的権威は制限を受ける。主権的権利が無制限ではないということが、法律用語によってはっきりと明記されているのである。戦争に制限を設けようとする試みはさらに存在し、これには、ほかのアクターや制度に権威を授けることがしばしば含まれる。たとえば、第三者へ紛争の調停を委ねることを紛争当事者に課すという、長年の伝統が存在する。古代ギリシアの都市国家はこの慣習を何世紀にもわたって続けていた。スパルタとその同盟国がアテナイに対して怒った理由の一つは、アテナイが紛争を調停に委ねることを拒否したからであった。同様に、一九一九年の国際連盟規約第一二条は、国交断絶へと至るおそれのある紛争が発生した場合は「当該事件を仲裁裁判もしくは司法的解決又は連盟理事会の審査」に図ることを加盟国に課しており、その結果が報告されてから三ヵ月間は戦争に訴えることのないよう求めていた。権威を第三者に移譲するもう一つの例は、戦争を始めるかどうかの実際の決定に関するものである。国連憲章が武力の正統な使用を二つのケースにおいてのみ認めていることを思い起こしていただきたい。自衛の場合と、国際の平和および安全を維持するために国連安全保障理事会が承認した多国家による行動を行う場合だけである。二つめのケースについて述べるならば（すでに言及した一九九〇～九一年の湾岸戦争においてはっきりしているように）、戦争を承認する権限を有しているのは国連安全保障理事会なのである。国際機関に権威を付与している三つめの領域は、侵略犯罪、戦争犯罪、ジェノサイドなどの人道に対する罪といった犯罪を裁くことについてである。第二次世界大戦のあと、ドイツと日本の指導者たちを裁くためにニュルンベルクと東京に臨時の法廷が設けられたが、常設の国際刑事裁判所が設置されたのは冷戦が終結したあとのことである。ユーゴスラビア戦争（一九九一～二〇〇一年）での残虐行為とルワンダ虐殺（一九九四年）への対応として、国連安全保障理事会は二つの臨時の法廷を設置した。旧ユーゴスラビア国際戦犯法廷（ICTY）とルワンダ国際戦犯法廷（RCTR）である。しかしながら、常設の法廷が必要であるという広範な意見が存在し、諸国は一九九八年、国際刑事裁判所（ICC）に関するローマ規程を採択した。国際刑事裁判所は二〇〇二年に業務を開始し、［オランダの］ハーグに設置され、ジェノサイド、人道に対する罪、戦争犯罪の申し立ての審理を行う権威を有している。またこのリストには、侵略犯罪が追加されることが見込まれている。しかしながら、アフリカの主要な国々が、この裁判所は非西洋の途上国の犯罪容疑に集中するものであり、西洋諸国、とくにアメリカの犯罪の疑いに取り組んでいないということを率先して批判しており、国際刑事裁判所に権威を付与することが、しだいに議論を呼ぶものとなりつつある。

5 移り変わる組織的暴力の形態

先に、主に四つの形態の組織的暴力が、歴史を通して政治的権威のグローバルな編成を形作ってきたと述べた。コンスチチューションの戦争、ポジションの戦争、国家建設の戦争、そしてテロリズムである。過去一世紀のあいだに、これらのタイプの暴力が発生する相対的な頻度に劇的な変化が起きた。まずはポジションの戦争――国家同士が、陸軍、海軍、空軍を用いて戦う戦争――であるが、このタイプの戦争はしだいに稀なものとなってきた。絶対的な数が減少しただけではない。ポジションの戦争が減少しているまさにその間に、承認された主権国家の数は、一九四五年の五〇ほどから現在の二〇〇ほどへと四倍に増えている。つまり、戦争の潜在源と紛争になり得る可能性のある場所が増えているにもかかわらず、伝統的な国家間戦争は実際に激減しているのである。同様のことは、政治的権威の大規模な編成の再構成を引き起こすことを狙ったコンスチチューションの戦争にも言える。コンスチチューションの戦争は、現在のところほとんど存在していないも同然である。反植民地戦争は、帝国を主権国家に置き換えることを狙いとしていたが、この反植民地戦争の時代は一九四五年以降、脱植民地化が勢いを得ると終焉（しゅうえん）を迎えた。中東において新たなカリフ国家を打ち建てようとしてＩＳＩＬが試みた戦争は、おそらくこの形態の暴力の近年における唯一の例であろう。残念なことに、ほかの二つの形態の暴力は傾向として逆の方向へと向かっている。国家建設の戦争――エリート層が、自国民や、政治的変化や政治的支配を求める反乱者や革命家たちを殺す戦争――は、いくつかの社会において引き続き猛威を振るっている。アフガニスタン、リビア、ミャンマー、南スーダン、シリアでの紛争は、すべてこのことを立証するものとなっている。テロリズムも同様に、引き続きグローバル規模の暴力が目立つ形態であり、現在進行中のコミュニケーション技術での革命によって新たな超国家的な形態へと進化しつつある。しかしながら、ここで注記しておくべきは二つの点である。最も注目を集めているテロ攻撃は、西洋諸国をターゲットとしたものであるが、テロリズムが最も発生しているのは、中央アフリカ共和国、コンゴ民主共和国、スリランカ、イエメンなどといったグローバル・サウスに存在している戦争に引き裂かれた社会においてである（これらの場所においては、テロリズムと国家建設の戦争が深くかかわりあっている）。二〇〇一年九月一一日の攻撃以降、グローバルなテロリズムは増加してはいるものの、ＩＳＩＬのような主要なテログループの命運、主要な内戦の進み具合、国家や国際規模での反テロ対策の効果を反映して、テロリズムの攻撃の激しさや致死率にはさまざまなものがある。こうした傾向から、多くの興味深い疑問が浮かんでくるが、非常に重要なのは二つである。このような暴力のパターンは、どんな種類の国際秩序によって――どんな方式の政治的権威のグローバルな編成によって――生み出されているのか。そしてわれわれは、どのようにしたらコンスチチューションの戦争とポジションの戦争を減退へと導きながら、国家建設とテロリズムの暴力を減らすことができるのか。国際関係論という分野は、このような根源的に重要でありながら回答することが非常に難しい疑問に対して、解答を導こうと努力しているのである。

第5章　経済

すべての社会生活と政治生活は〔国家を一つの経済体として見た場合の〕経済体のなかで営まれる。生活は、ものを生産するやり方や、交換の制度や、階級間の関係や、貨幣や資本の流れと密接な関わりをもっている。そして生活は、これらすべてを理解可能なものとし、正統化しているある種の知識によって形作られ、これと関わりを持つものである。国際関係も例外ではない。グローバル経済の国際的な暮らしへの影響はありとあらゆる場所に見られる。二〇〇八年の世界金融危機は、アメリカのグローバルなリーダーシップを弱体化させ、グローバル・ガヴァナンスの諸制度への挑戦となり、社会の内部や社会間で高まる経済的不平等が政治を不安定にする効果について、再び警鐘を鳴らすものであった。そして、経済的富や経済資源の重要な枠組みが東〔西洋からアジア〕へと移動するにつれて、国際関係が重要な転換点を迎えているという――アメリカの世紀が終焉（しゅうえん）を迎えアジアの世紀が始まろうとしている――認識が広まりつつある。

経済過程［経済活動］や経済的な構造、経済的慣習の影響は、最近になって初めて始まったものではない。「アフリカへの殺到」、中国におけるアヘン戦争、［イギリス東インド会社に代わる］イギリス［政府］によるインドの直接支配の開始に代表される一九世紀後半のヨーロッパ帝国主義の加速と激化をもたらしたものは何であるのかについての議論が継続中である。しかしながらこの議論において、経済的要素の影響――とくにヨーロッパにおける産業革命の衝撃、そして産業革命が生み出した原料、新市場、利益を生む投資への要求――を完全に除外する論者はまれである。従来の議論においては、この革命はヨーロッパ文明に固有の特徴――プロテスタンティズム、主権国家から成る分権的なシステム、商業都市や商業階級の勃興、天才的なヨーロッパ人の能力――から説明されてきたが、このような見方への支持はおおむね失われている。今日では、ヨーロッパはアジアと中東を発生源とする古い時代のグローバル化の受益者であるとみなされるようになっている。西暦五〇〇〇年から一八〇〇年まで、世界経済のパワーハウス［エネルギーの源］はアジアと中東であった。現在の説明では、グローバルな交易網、とくに中国を源とする交易網が、考え方、制度、技術の西方への伝承を容易なものとし、これらがまわりまわって最終的にヨーロッパの産業上の離陸、ヨーロッパ発の新しい帝国主義をうながした、とされている。だが、この互いに相矛盾する新旧二つの解釈には、国際関係が形成される過程の説明として、経済力と経済過程を重視するものであるという共通性を持つ。

経済が国際関係にどのように影響するかについて、学者たちの間には見解の相違が存在する。片方の側の極論を唱える学者たちは、政治的パワーをめぐる競争を第一に考え、経済を、せいぜいのところ脇役としてしかみなしていない。彼らの見解ではパワーを求める渇望が原動力なのであり、パワーは銃口から流れ出るものであり、貨幣は銃を買うために必要なものなのである。たとえば、第4章で戦争が国家を創ったという議論を紹介したが、統治者たちが自分たちのライバルを抑え込むために戦争を必要とし、これらの統治者たちは闘争を続けるために貨幣を必要としているので、商人階級と取引を行い、その結果、最終的に近代国家となる制度が誕生した、というのが彼らの説明である。これと反対の極論を述べる学者たちは、経済的な力を根底的なものとしてみなし、国際関係を、その表面上の姿にしかすぎないと考えている。つまり、政治的パワーという外形、政治的制度の性質、政治的アクターの根本的な利益は、基底となっている資本主義のダイナミックや資本主義のロジックに起因するものであると考えているのである。たとえば、著名な社会学者であるイマニュエル・ウォーラーステインは、資本主義世界経済によって世界は三つのゾーン——豊かな中心、貧しい周辺、その中間過程にある半周辺——に分割されると主張しており、これら三つのゾーンの主権国家の存在、性格、利益は、資本主義システムの内部におけるこれらの国家の立ち位置によって決定されると述べている。

ほとんどの学者たちはこれらのような極端な見方をとらず、経済的条件と国際関係との関係について、より微妙な色合いを帯びた理解を求めている。政治的権威のグローバルな編成に焦点を合わせて国際関係を理解しようという本書も、このような色合いを帯びた見方の一つを提示したい。経済は自然発生するものでもなく自立しているものでもない。経済は、その本質そのものが、その働きが、その成功度合いが、政治的権威のシステムに依存するものなのである。これから見てゆくように、貨幣はそれ自体が社会制度の一つであり、政治的権威によって支えられている。また、市場競争は、政治による規制なしには、非効率で不公正な独占に陥ってしまうこととなる。さらに、市場は、政治の介入なしには、しばしば――公衆衛生分野から環境保全分野に至る――望まれる社会財を提供することができなくなることもある。この関係は、さかさまに見た場合にも同じことが言える。政治的パワーの正統さ、政治的制度の正統さ、政治的慣習の正統さは、かなりの部分――富、仕事、税金などの――経済的利益や経済的負担によって左右されるのである。戦争遂行が、武力に訴えることや戦争の機能を制限しようとしてきた努力とも相まって、政治的権威のグローバルな編成を形作ってきたのであるが、同様のことは、経済と、正統な政治的パワーとの関係についても述べられる。つまり、経済と正統な政治的パワーとの相互の関係と、相互の依存も、政治的権威のグローバルな編成を形作る役割を果たしてきたのである。

本章ではこの関係を探求してゆきたい。本章では経済と政治的権威の繋がりについて詳細に見たあと、過去一世紀のあいだにこの関係に影響を与えたグローバルな環境の三つの変化について光を当ててゆく。〔第一に、〕世界経済の変化、とくに貿易の性質の変化、そして貿易と金融のバランスの変化、〔第二に、〕重工業からサイバーに至る技術上の革新、そして〔第三に、〕経済の源のグローバルな分布が西から東へと移ったこと、である。そのあと、これらの環境の変化を方向付けした政治的権威の変化、また反対にこれらの環境の変化に方向付けられた政治的権威の変化について述べてゆきたい。このなかでとくに焦点を合わせるのは、帝国から成る世界から、主観国家から成るグローバルなシステムへの移行、覇権国の盛衰、国際的制度的な規制の性質の変化、異なる国家・経済間関係の発展である。本章の終わりでは、政治的権威のグローバルな編成が現在直面している三つの主要な経済上の課題について手短な議論を行いたい。新しい経済やアクターの興隆、不平等と社会的混乱、深刻になりつつあるグローバル規模の環境危機、この三つについてである。

1 経済と政治的権威

現在優勢となっている経済理論は、政治的権威によって構築されたものではなく、政治的権威に依存してもいない純粋な経済を想定しているが、現実世界においてこのようなものを見つけることはほぼ不可能である。最も基本的な取引のシステムでさえ、社会規範——正統な所有権、盗みの禁止などといった共有された理念——に依存するものであり、このような社会規範は、正式なものとして定められていない場合もあるが、多くの社会においては、正統な政治的パワーによる裏付けのある法律として成文化されている。通貨もまた、経済が政治的権威に依存していることを示す別の例である。通貨はわれわれの日々の生活にあまりにも日常的に溶け込んでいるものなので、われわれは通貨を、あたかも自然に存在しているものでもあるかのように認識しがちである。しかしながら通貨は、一〇〇元や一〇〇ルピー、一〇〇ユーロや一〇〇ドルが一定の価値を備え、同等の価値の商品と交換できるという共有された理解があることで初めて成り立つ社会制度なのである。さらに述べるならば、通貨は国家によって支持されている社会制度であり、国家が紙幣や硬貨を造幣し、法定通貨として支え、その価値を維持するため市場に介入する。これが、(図4が示しているように)

今までに発見された最古のコインから造幣されたばかりの最新の銀行券に至るまで、そこに皇帝や君主、大統領の肖像や（鷲からカンガルーに至るまで）その国の象徴となっているものが描かれている理由である。

別の例は市場競争に関するものである。

図4　イギリス保護領東アフリカのコインに刻まれたヴィクトリア女王（1898年）

市場競争は、しばしば自然の作用であるとみなされている。しかしながらマルクス主義の理論のなかで最も説得的な洞察の一つ――非常によく知られているようにロシアの革命家ウラジミール・レーニンによるものであるが――では、資本主義は独占へと向かう傾向があり、市場は少数の力のある企業によって支配されるようになると考えられている（現在のアマゾンやグーグルを思い起こしていただきたい）。競争をより確実なものにするには、政治による介入は欠かせないものであり、現在ではほとんどの国に、独占を防ぐための組織や法律が存在しており、こうした組織や法律は、時に、独占を崩すことさえ行う。さらには、市場はたびたび望まれる社会的な結果を供給することに失敗する。望ましい結果に到達するために、経済的効力に方向付けし、これを制御する目的で、しばしば政治的行動が必要とされることもあるのである。武器の市場がわかりやすい例の一つである。規制が存在しなければ、武器市場はより危険な武器の拡散を主導するようになり、その結果暴力が増加し、死者が増えることになってしまうのである（アメリカは、その典型的な事例であろう）。

そうはいうものの、経済と政治的権威の関係は一方通行のものではない。正統な政治的パワーはかなりの程度、適切な経済的環境や経済的ダイナミクスに依存するものなのである。正統な政治的パワーは、神授説やカリスマ的リーダーシップといった発想から、選挙での成功や民主政治における説明責任に至るまで、さまざまな非経済的ファクターに基盤を置くことが可能である。だが、ありとあらゆる政治体制は、経済的恩恵をどのように分配し経済的負担をどのように割り振るのかについて決めるのである。また、この分配や割り振りのやり方が政治アクターや政治的制度、政治的慣習の正統さを左右する。経済的利益を得るために必要な富、仕事、市場へのアクセス、技術の恩恵、知識をうまく配分できるかどうかは、すべて政治的正統性しだいなのである。経済的な変化に対応できるかどうかが、社会制度や政治制度の反応の早さにかかっているのと同様である。国家が選挙を行う際、このことは明瞭となる。選挙において、しばしば、経済をどのように運用するかについての各政党の主張が議論の大半を占めるものとなる。さらに劇的に結果が現れるのは、経済危機の結果として政治システムが完全に崩壊した際である。一九三三年、ドイツのヴァイマル共和制が崩壊してナチス政権が誕生したのが一つの例であり、一九九七年のアジア金融危機のあと、インドネシアのスハルト政権が倒れたのは別の例である。帝国のような政治的権威の大規模な形態も同様に、弱体化の過程にある経済環境による揺さぶりを受ける。ある論者たちは、一九世紀のオスマン帝国の衰退について、悪化した経済とそれに政治制度がうまく対応できなかったことが原因であるとみなしている。さらに、現在多くの国々での（左や右の）ポピュリズムの高まりは、二〇〇八年の世界金融危機と、多くの社会における仕事と富の配分に対する経済のグローバル化の長期的な影響の産物であるということが頻繁に主張されている。ポピュリズムが、いまやEUから世界貿易機関(WTO)に至る国際的制度の正統性への挑戦となっている現象に見られるように、経済危機や経済的変化への失望もまた、国境を越えて流れ出る現象となっている。

2 変化するグローバルな環境

過去一世紀のあいだ、経済と政治的権威のグローバルな編成の関係は変化し、互いに関係のある三つの環境によって形作られてきた。世界経済における変化、産業ならびに技術上の諸革命、そして経済資源の分布の動きであり、その最新のものは西から東への動きである。政治的権威の編成における変化について見る前に、これら一つ一つについて考察することは有益であろう。

一九世紀半ばから第一次世界大戦までのグローバル化

グローバル経済の長期的な変化について考える際、近現代における二つの期間の「グローバル化」が決定的に重要な位置を占めるものとなる。この二つの期間に、国境や社会をまたぐ経済的な相互作用が拡大・強化されたのである。最初の「グローバル化」は一九世紀の半ばから第一次世界大戦が勃発するまでの期間である。この期間に農産物と製品のグローバルな貿易は劇的に増加した。ヨーロッパにおける産業革命は、鉄道網の拡張と海運の進歩［木造帆船から鉄製蒸気船になり、風まかせではなく時間に合わせて航行できるようになったこと〕によって促進され、イギリスが輸入品の関税を引き下げるよう他国にプレッシャーをかけたにことによって支えられていたのであるが、これによって輸出品の総額は増え、〔第一次世界大戦が勃発する前年の〕一九一三年にその総額は世界GDPの一三・九パーセントにまで達した。世界GDPとは、世界のすべての国の国民総所得を合算した数字である（Ortiz-Ospinaほかによる論文を参照）。この時期の貿易に関して注目すべき点が二つある。〔第一に〕この時期、農産物の貿易がかなりの割合を占め、一九二五年の世界の商品輸出において五四パーセントを占めていたこと（WTO, World Trade Report 2013を参照）。〔第二に〕この時期、ヨーロッパの製品が世界のより貧しく植民地となっていた地域に大量に流れ込み、このことによってこれらの地域の産業化が立ち遅れることとなり、世界は資本が集まり製品生産が盛んな西側と、資本の集まらない農業経済であるグローバル・サウスに長期にわたって分断されるようになったこと。この非産業化に対する抗議として、尊敬を集めていたインドのナショナリストであったマハトマ・ガンディーは、よく知られているように、手で〔糸車で〕紡いだインド国内産生地を身につけ、外国産の布地のボイコットを行った（図5を参照）。

一九四五年以降のグローバル化

二番目の時期のグローバル化は一九四五年に始まり、現在も継続中である。この二番目のグローバル化の時期の世界GDPにおける輸出品の総額は、結局、一番目のグローバル化を小さく見せるほどのものとなった。その総額は二〇〇八年に世界GDPの二七パーセントに達し、世界金融危機の勃発によって一時的に急激に落ち込んだものの、二〇一四年には世界GDPの二四パーセントを占めるまでに回復している（Ortiz-Ospinaほかによる論文を参照）。これから見てゆくように、世界貿易の拡大は特有の政治的環境の産物なのである。だが、ここで重要なのは貿易の総額だけではない。貿易で取引される商品も劇的に変わったのである。第二次世界大戦前の貿易においては農産物が大きな割合を占めていたが、二〇一一年には農産物は世界の商品輸出の九パーセントにまで低下し、一方製品は六五パーセントまでと大きく伸びている（WTO, World Trade Report 2013を参照）。これに加えて、貿易においてサービス——旅行、運送、ビジネス、教育、コミュニケーション、金融、保険などのサービス——の占める割合は世界貿易の一七パーセントから二四パーセントへと伸びている（RBA 'International Trade in Services' を参照）。金融サービスの拡大は、二〇〇八年に世界金融危機が起きる前の世界経済において、資金の流れ、金融取引、金銭的関係の重要性が増大していたことを反映したものである。経済開発協力機構（OECD）によれば、一九九五年には国境をまたぐグローバルな資本の流入は、一九九五年には世界GDPの五パーセント

図5　糸を紡ぐマハトマ・ガンディー

であったものが、二〇〇七年には二〇パーセントにまで拡大した。世界金融危機の前、貿易のグローバルな拡大はまず製品で起こり、次にサービスにおいて起こり、これにグローバル金融の優位が伴った。これらは第二期目のグローバル化を特徴づけるものである。しかしながら金融危機のあと、まったく新しい現象が生まれている。デジタルのグローバル化、つまりはデジタル・テクノロジー、デジタルの応用、デジタルでの交流の急速な拡大である（McKinsey, Digital Globalization を参照）。デジタル分野の拡大によって製品や金融のグローバルな流れが減少しているわけではない。それどころか製品や金融もデータや情報の劇的な増加から恩恵を被っているのである。たしかに、現在においては、製品や金融の流れのすべてがデジタルの要素を含んだものであるということが主張されている。グローバル経済に対する影響は広範囲に及ぶのである。非常に注目すべきことは、グローバル経済のデジタル化から、アップル、フェイスブック［現在は「メタ」と改称］、グーグルのような新しい巨大企業が生まれた一方、デジタルのグローバル化は「グローバル化する」ためのコストを下げ、市場への新規参入者に向けて扉を開いたという点である。

このグローバル経済における新しい転換は、産業や技術における革命［ならびに革新］の重要性を示すものであり、似たようなことはこれまで資本主義の競争的なダイナミクスによって繰り返し起こってきた。一般的な数え方では、過去二世紀半のあいだにこのような革命が少なくとも三回起こっており、現在四回目が進行中であると考えている論者もいる。最初のものはイギリスで一八世紀中盤に始まった。蒸気機関が製造における革命を起こし、最初に織物を、のちに移動手段を改革し、鉄道網を急速に拡大させ、グローバルな海運を加速させたのである。二番目のものは一八七〇年頃に始まった。この革命は製品の大量生産を可能とする電気の利用を含むものであった。この革命を象徴しているのが、ヘンリー・フォードによる自動車の大量生産の開始である。大衆に向けて自動車を大量生産する目的でベルトコンベアー式の生産方式を導入したのである。また、このことによって、重火器類（銃砲類、戦車、軍艦、核兵器）の大量生産が可能となり、第一次世界大戦と第二次世界大戦の大量破壊をもたらしたのである。三番目の革命は、デジタル・コンピュータ・テクノロジーの登場とともに、一九六〇年代の終わりに始まった。

三番目の革命の衝撃はわれわれの周囲に溢(あふ)れたものである。社会的ネットワークをどのように築き維持しているのか、職場や習慣、娯楽を楽しむ際の方法、自動車のようなより伝統的なテクノロジーの機能、政府の政策や政府の及ぶ範囲、これらのなかに溢れているのである。影響力を持つ社会評論家であるジェレミー・リフキンは、その本質とは「コミュニケーション上の要素、視覚的要素、聴覚的要素、物理的要素、生体的要素を省き、純粋な情報にする能力。純粋な情報は、あたかも複雑な生態系でもあるかのように機能する巨大な双方向ネットワークに再編成することもできる」と主張している。世界経済フォーラムを主宰するクラウス・シュワブのような論者は、世界は現在第四次産業革命の最中にあり、この第四次産業革命によってデジタル革命は質的に新しい段階に入りつつあると主張している。シュワブは、この革命の鍵となる特徴は「物理的領域、デジタル領域、生体的領域の境目を曖昧とするさまざまなテクノロジーの融合にある」と続けている。これに対してリフキンなどは、これは三番目の革命が単純に拡大あるいは変化したものであると反論している。しかしながら、四番目の革命を主張する論者たちは、ナノテクノロジー、3Dプリンター、ハイスピードのモバイル・コンピュータ・ネットワークといったテクノロジー上の先端的革新は、デジタルなやり取りのスピードや規模を飛躍的に増加［・拡大］させているだけにとどまらず、サイバーシステムと物理的なシステムとの融合をも可能とし、［人間の］生物としての人生と社会生活［の双方］に深い意味を含むものであると主張している。

グローバル経済の変遷

産業や技術における変化と交わり合いながらグローバル経済の性質がこのような変化を遂げているあいだ、国家間や地域間で、経済資源の分布や経済的な力の分布においても、大きな転換が起こっていた。ここで思い起こしていただきたい重要なこととは、ここ二、三〇年、経済資源の西から東への移動を経験したのであるが、［西暦］一八〇〇年までは、アジアと中東が経済のパワーハウスであり、これらの地域を源とするグローバル化が［めぐりめぐって］ヨーロッパの産業革命を可能なものとしたということである。ここから時間軸を一九世紀末まで進めてみると、三つの鍵となる転換が目を引く。一つめは、二つの西洋の覇権国、つまりイギリスとアメリカの関係である。一八九〇年、帝国資産であったインドを含めたイギリスのGDPは世界最大であり、二番と三番であったアメリカと中国と比べてそれは際立って大きな値であった（ここであげるGDPの値はすべて購買力平価（PPP）によるGDPである。巻末の「用語解説」を参照）。しかしながら、一九三〇年までにはアメリカのGDPは中国やイギリスのGDPの三倍以上になり、一九八〇年までには中国もイギリスも、世界の経済大国の上位五ヵ国に入らなくなるのである。二つめの大きな転換は、一九九〇年代以降に中国の劇的な再興とともに起きる転換である。二〇〇〇年までに中国は日本を抜いて二番目の経済大国となり、二〇一四年に中国のGDPはアメリカを抜いた。三つめの転換は、大きな目で見て、経済において西洋の占める割合が小さくなりつつあることである。二〇一八年、世界の経済大国上位一〇ヵ国のうち中国が一位、インドが三位、日本が四位、ロシアが六位、インドネシアが七位、ブラジルが八位である。四つめ、そして最後の転換は、注目すべきものである。一九四五年以降、経済的やり取りのほとんどは豊かな先進国同士のものであるか、先進国と途上国間のものであった。しかしながら一九九〇年代以降、グローバル・サウスの国同士の経済的な交流が劇的に増加している。例をあげれば、一九九六年以降これらの国々のあいだの貿易は年率一二パーセントを超える値で拡大しており、南北間の貿易の二倍の拡大幅なのである（しかしながら注として付記すれば、これらの数字は貿易と投資を基にした数字であり、金融に目を向けるならば、中国のような国々はほぼ間違いなく、アメリカが支配する金融市場により大きく依存している状態なのである）。

3　グローバルな政治的権威における諸変化

これらの変化は政治的空白のなかで起きたわけではない。これらの変化は、最も根源的なレベルにおいて、国際関係におけるここ五世紀のあいだに起きた最も重要なシステム自体の変化に影響を受けたものなのである。つまりは、帝国から成る世界から、それぞれに独立した主権国家から成るグローバルなシステムへの転換に影響を受けたものなのである（第2章を参照）。これらの変化はまた、アメリカの覇権にも影響を受けたものでもあった。ごく最近まで、アメリカの覇権は、この新しい主権国家秩序におけるワシントンの政治的権威を高めるものであった。また、これらの変化は、多国間ガヴァナンスや多国間による規制の発達によって可能となり形作られたものである。そして、これらの変化は、さまざまな国々に生まれたさまざまな種類の国家・経済間関係によって促進され、条件付けされたのであった。

脱植民地化による再編成

一九四五年以降のヨーロッパの各帝国の脱植民地化は、政治的権威のグローバルな配分における根本的な転換を伴うものであった。帝国は完全に正統性を失い、世界の歴史上初めて主権国家が政治的権威の基本的な単位となったのである。第2章で取り上げた地図を用いて説明するならば、地図2の世界から地図1のグローバル・バージョンへの転換である。論者によってはこの転換の理由を経済的要因に求めている。彼らは、第二次世界大戦後、帝国であったヨーロッパ列強は、ヨーロッパの帝国勢力の困難な経済的状況によって帝国が維持できなくなり、そして、公式の帝国は資本主義が繁栄をするためにもはや必要なくなった、という資本主義の要請の変化を理由として考えている。しかしながら第6章で見るように、いくつかの強力な政治的力、とくに個人の権利を求める闘争が帝国の終焉をもたらしたのである。だが、その原因が何であろうとも、脱植民地化に伴った政治的権威の劇的な再編成はグローバル経済に大きな影響を与えたのである。

理由の一つとして、ヨーロッパ諸国は、それぞれの植民地から分離された際、世界GDPにおけるランキングを低下させた、ということが述べられる。たとえば、イギリスは、一九四七年にインドが独立した時点で、世界第二位の経済大国の座をソヴィエト連邦に譲り渡した。脱植民地化はまた、国際的な経済上の規制に関する政治に直接的な影響を与えるものであった。一九七〇年代までに、植民地からの独立を果たした国々が国連において過半数を占めることとなり、これらの国々は政治的な独立だけではなく経済的な独立も確固たるものにすべく、数にものを言わせて一〇年以上にわたって「新国際経済秩序」（NIEO）を求める運動を行った。これらの国々は、以下のことを可能にする国際的なルールを求めたのである。［第一に］自国内で制限なしに活動を行っている多国籍企業を規制するルール、［第二に］自国内にある植民地時代から存在する外国資産を国有化することを可能とするルール、［第三に］公正な商品価格を確保するための組織（石油輸出国機構［OPEC］が設立されると、OPECは石油価格を上昇させるための手段として一九七三〜七四年に石油禁輸を行った）の設立を可能にするルール、［第四に］先進経済諸国からの技術の移管を可能にするルール、そして［第五に］自国内の天然資源に対する主権が守られることを可能にするルール、である。NIEOは一般的には失敗に終わったとみなされている。アメリカと自由市場の促進——一九八〇年代に世界を席巻した経済上の規制緩和——の協力によって失敗に追い込まれたと考えられているのである。しかしながら、NIEOの政治的遺産はかなりのものである。NIEOの遺産は持続中の経済発展のなかでいまも存在する国際的規範としてたしかであり（国際的な貿易交渉や自然環境保護に関する交渉の際には一層はっきり見える）、現在も存在する、あるいはますます進化しつつある植民地からの独立を果たした国々のグループ（たとえばG77）としてたしかであり、世界規模の貿易交渉であるドーハラウンドを今でも頓挫させるような諸課題としてたしかである（これについてはあとでさらに触れる）。

ブレトン・ウッズ体制の構築

脱植民地化は帝国という古い階層を壊したが、法的に平等であるはずの主権国家から成る世界にも、この世界に特有の階層構造が存在する。その最も際立つものはアメリカの覇権である。アメリカは第二次世界大戦［の勝利］から卓越した経済・軍事パワーとして登場してきた。だが、覇権とは、単に物質的な優勢を指すものではない。覇権とは社会的な立場であり、システムのなかの他国からリーダーとして認められた地位なのである。つまり覇権国という立場は、覇権国に特別な権利を与えると同時に、覇権国としての責任をも課すものなのである。ほとんどの論者たちは、アメリカが、一九四五年から一九七〇年代の初めまで冷戦の西側陣営においてこの地位にあり、一九九〇年代初めから世界金融危機までグローバルにこの地位にあったという点で合意している。そして一九四五年以降、経済秩序が形成されるなかでアメリカが決定的な役割を果したという点において、疑念を述べる論者はほとんどいない。ここから見てゆくように、アメリカは、ブレトン・ウッズの金融と貿易の諸制度の構想と設立において主導的な役割を果たし、アメリカ合衆国ドルは一九七〇年代まで公式にこれらの働きを支えるものであり、アメリカはこれらの諸制度の予算のかなりの部分を賄っていた。その結果、これらの制度の機能にアメリカは最大の政治的影響力を及ぼしたのである。アメリカによる覇権は一九七〇年代の初めに終焉を迎えたと長いあいだみなされてきたのであるが、多くの論者たちは冷戦終焉直後の時期をアメリカが再び覇権的権威を享受した「単極の時代（unipolar moment）」であるとみなしている。すでに言及したように、国際金融市場はアメリカ国債に依存するものであり、たしかに、アメリカはこの市場に対して今もかなりの影響力をもっている。にもかかわらず、この「単極の時代」は世界金融危機によって突然終焉を迎えたのである。

一九四五年以降の政治的権威のグローバルな編成の重要な特徴とは、特定の目的のための制度やレジームによる緻密なシステムが築かれたことである（第2章を参照）。このシステムにおいて、経済上の諸制度は中心的なものであった。一九三〇年代の世界大恐慌が第二次世界大戦の勃発を招いたと信じていた戦勝国であった連合国の国々は、世界経済を運営するためにさまざまな多国間の制度から成る野心的な枠組みを構築し、この枠組みはブレトン・ウッズ体制として知られることとなる。この体制に含まれるのは、まずは国際復興開発銀行（世界銀行）と国際通貨基金（ＩＭＦ）であり、一九四八年に関税及び貿易に関する一般協定（ＧＡＴＴ）が加わった。ＧＡＴＴは一九九五年にＷＴＯとなる。米英間の交渉を反映して、また、中国、インド、ブラジルといった途上国のほとんど注目されることのない影響力（この点は、エリック・ヘライネルがよく描いている）を反映して、ブレトン・ウッズ体制は国際金融制度の安定と自由貿易を促進させることを目標としていた。前者の目標を達成するために固定相場制が導入され、各国は自国通貨をアメリカ合衆国ドルに「固定する」ことを同意し、その一方アメリカ合衆国ドルは金の相場と固定された（金一オンス＝三五ドル）。ＩＭＦの役割はこの制度を支援することであり、この制度に参加した各国が自国通貨の価値を維持するための支援として緊急融資を行ったのである。自由貿易はＧＡＴＴのもとで促進された。ＧＡ

TTは、各国の関税を管理されたやり方で協調して引き下げることを各国に委ねた。三〇年にわたる期間のほとんどのあいだ、これらの制度は国際金融制度をうまく安定させ、関税率の平均を二〇パーセント以下の水準まで引き下げ、グローバル貿易を切り開いた。

独創的なブレトン・ウッズ体制は一九七〇年代初めに崩壊した。一九七一年、リチャード・ニクソン大統領がドル・金本位制の一方的な廃止を宣言し、固定相場制が実質的に崩壊したのである。この頃までに、ヨーロッパ各国と日本の経済は第二次世界大戦からの復興を果たしており、アメリカの主要な競争相手となっていた。一方アメリカ経済は、ますます増加しつつあったベトナム戦争の経済的負担にあえいでおり、一九七三年以降はすでに言及したOPECが仕向けた石油価格の高騰に苦しんでいた。貿易収支がどんどんとアメリカにとって不利なほうに傾き、アメリカの競争相手がドル準備高をどんどん増やし、ワシントン［アメリカ］がこれを金に兌換する約束を守ることができなくなると、ニクソンがそこから抜け出したのである。これによって国際金融制度の運営は大きく転換されることとなった。世界は変動相場制へとすぐに移行し、金融関連を安定させる責任は各国の中央銀行と国際通貨市場に与えられることとなった。多くの人々は、これを多国間のルールに基づいた規制から、非集権的な協力と「クラブ・スタンダード［仲間内の規準］」への転換であるとみなしている。この方式が不十分であることは、二〇〇八年の世界金融危機によって鮮明となった。規制が十分ではないことによって、アメリカの各銀行はリスクの高い住宅ローンを大量に貸し出すことができ、二〇〇六年以降に住宅価格が低下を始めると、アメリカの各銀行と投資家たちはアメリカの不動産市場に多額を投資していた外国の銀行とともに、多額の損失を被ったのである。

GATTからWTOへ

はじめのうち、ブレトン・ウッズ体制の貿易面は、金融面よりもかなりうまくいっていた。GATTは幾多の交渉ラウンドを成功裡にまとめ、締約国の平均関税を段階的に下げ、補助金や輸入割当などの貿易上の障壁を段階的に取り払っていった。その締めくくりとなったのが一九九五年のGATTからWTOへの移行である。WTOは正式な国際機関で、製品や農産物の貿易はもちろん、サービスや知的財産権の貿易においてもGATTよりも拡大した責任を持つ機関である。ところが、多国間による貿易調整の勢いは（二〇〇一年に開始されたものの）現在もまだ妥結に至っていないドーハラウンドによって削がれたのである。このラウンドでは多くの議題において、途上国が、今も続く豊かな先進国による非公正な貿易慣行に対して、対立的な立場を明らかにしている。とくに農産物への補助と広範に用いられている非関税障壁に対してである（たとえば知的財産権の保護）。その結果、近年の注目される現象として、多国間交渉とは別に二国間の貿易協定や地域的な貿易協定が多く結ばれるようになっている。

つまり、貿易面でのガヴァナンスと金融面でのガヴァナンスのそれぞれの発展は、ある程度収斂してきたのである。双方のケースにおいて、バランスは多国間のルールに基づいた調整から分権的な協力へと移行してきたのである。加えて、金融の安定を図るために市場メカニズムに依存するようになったのと同時に、貿易の領域では、二国間協定や地域協定において多国間企業のような民間アクターの権利が拡大された。たとえば、このような協定のなかで最も議論を呼んだ要素としてあげられるように、失敗に終わった環太平洋パートナーシップ協定（TPP）では、「主権」国家が協定に違反し多国籍企業に損失を与えた場合、多国籍企業にこれを特別法廷に訴える権利を与えることになっていたのである［これを「ＩＳＤＳ（Investor-State-Dispute Settlement）条項」と呼ぶ］（この権利は、ＴＰＰに代わって締結された環太平洋パートナーシップに関する包括的及び先進的な協定［ＣＰＴＰＰ］ではかなり薄められている）。

市場経済、命令経済、計画経済

グローバル経済が形成されるにあたって、国際的な制度や国際的な調整が重要な役割を果たしたのと同様に、国家から成る世界規模のシステムにおいては、主権国家は最も影響力のある政治的権威の単位であり続けている。しかしながら、国家とひとくくりにしてみたところで、その形態はさまざまであり、また国家が自国経済（やグローバル経済の自国の部分）を刺激したり構築したりするために政治的権威を用いるやり方もさまざまである。さらには、国内という次元でも、またグローバル経済の統治をめぐる政治の次元においても、政治的権威が経済とどのように関わるべきかという問題については激しい議論が行われている。民主主義と独裁国家という単純な区分けはここではほとんど役に立たない。歴史的に見てこうした区分けで同じ側に分類をされる国家であっても、自国経済を運営するやり方が大きく違うからである。冷戦期、国家・経済間関係を三つの種類に分類することが一般的に行われていた。［一つめは］西側資本主義諸国の市場経済（market economies）である。これは、その程度には相違があるものの、自由市場の競争原理を利用することを狙いとする経済である。［二つめは］共産主義陣営の命令経済（command economies）である。これは、国家が工場や農場をコントロールし、生産するものやその価格を決め、人民の収入を決める経済である。［三つめは］アフリカ、東アジア、南アジア、ラテン・アメリカで行われていたさまざまな種類の計画経済(planned economies)である。これは、国家がその国の経済的な目標を定め、経済活動を指揮するための介入を行い、場合によっては鍵となる金融業や製造業を国有とする経済である。当然ながら、世界はこれほど単純に分類できるものではなく、同じ分類に含まれた国々のあいだでも、かなりの違いもあれば、一致が部分的なものにとどまる場合もあるのである。たとえば、西側市場経済諸国として分類される諸国の違いについて、これまでかなり多くの記述がなされてきた。よく分類線が引かれるのは、アメリカ、イギリス、オーストラリアなどの自由主義的な市場経済と、ドイツ、日本、スウェーデンなどの協調的な市場経済のあいだである。

これらさまざまな形態の国家・経済間関係の多くは、一九八〇年代と冷戦の終焉を生き延びることができなかった。途上国はIMFと世界銀行(世界銀行は国内経済の規制緩和を融資の条件とした)の政策に強要されて、また国内のイデオロギー上、政治上の転換を反映して、NIEOのためのキャンペーンを取り止め、その程度はさまざまであるが、計画的な経済からより自由主義市場的な経済へと転換した。中国は、毛沢東による大躍進と文化大革命での経済的、政治的な大失敗を経験したあと、改革開放路線へと転換し、重要産業の民営化、自由市場へのより大きな依存、海外からの直接投資の促進、多国間による経済諸制度への参加を、中央集権計画経済と組み合わせることによって中国経済を開放した。東ヨーロッパにおける共産主義の終焉と一九九一年のソヴィエト連邦の崩壊により、最も有力であった命令経済は終焉となり、市場主導型の経済統治という西洋が支持するやり方が大々的にキャンペーンされることとなった。これらの転換の最終的な結果として、世界経済は全体としてより自由主義的なものとなり、国家・経済間関係の相違が縮小し、ほとんどすべての国家が計画的な市場経済と自由主義的な市場経済のあいだのどこかに位置することとなった。しかしながら、二〇〇八年の世界金融危機はこのモデルにかなりの緊張を与えるものとなり、国内でも国際的にも論争の火をつけた。とくに金融の分野において、市場の自主規制を信頼しすぎなのではないのかという点をめぐる議論であり、好景気と不況の循環を緩和するために国家の経済へのより大きな介入が必要なのではないか、という点をめぐる議論であった。しかしながら多くの論者たちは、それほどの変化はなかったとみなしている。グローバル金融に対する新しい規制は大きく見積もったとしても控えめなものであり、トランプ政権の中国との関税戦争を除けばほとんどの国々は、自由で開かれた市場を支持し続けており、経済を刺激するために政府支出を大盤振る舞いするよりも、政府債務と取り組むために緊縮的な政策を選択している。

4　これからの諸課題

本章の冒頭において、経済と政治的権威の相互依存について強調した。経済は自己規制が働くものではなく、自立できるものでもない。経済は政治的権威に依存するものなのである。そして政治的権威――正統な政治的パワー――も、きちんと機能する経済に依存するものなのである。その一方で、まったく同時に、経済統治は市場先導型のやり方へとグローバルに収斂してきた――このことは、多国間のルールに基づいた調整から分権的な協調と民間権威への移行、また国民市場経済へと向かうグローバルな方向性に明らかである――市場先導型のやり方が、社会財［社会にとって良いものやこと］や経済財［経済にとって良いものやこと］を提供する能力は、大きな諸課題に直面しており、そのなかの四つは際立ったものである。

第一に、グローバル経済の金融化とデジタル化が、新しいアクター、製品、市場、働き方、富の分配を生みつつある。そして、このような諸変化の利益を最大化しながら同時にその社会的コストや社会的分断を抑制するには、単に市場メカニズムに委ねるのみでは不十分で、慎重な政治的選択と制度的イノベーションが必要とされている。

第二に、経済格差の拡大が、国家の中央政府にとっても国際的な制度にとっても、その政治的正統性が大きく試されるものとなってきている。一九八〇年代以降、経済的格差がほとんどの国の経済において拡大している。グローバルに見れば、世界人口の貧しい側の半数がグローバル所得の一〇パーセントを確保するのに苦労しているあいだに、最も豊かな一パーセントのグローバル所得に占める割合は一六から二〇パーセントに拡大した（World Inequality Lab, World Inequality Report 2018を参照）。産業の種類や場所にも変化が生じていること、また世界金融危機のあと、多くの国々が緊縮的な財政政策を採用していることとも相まって、このような格差によって、多くの人々は、果たして既存の政党や制度がグローバル化の経済的恩恵を公平に分配する意志や能力を持っているのか、疑問を抱くようになっている。

第三に、経済運営と正統な政治的パワーの関係は、現在、今日のグローバル規模の環境危機と密接に関係している。気候と生物多様性の危機に取り組むということは、消費の仕方、エネルギーの生み出し方、工業や農業の種類、働き方や働く場所、移動手段、旅行で訪れる場所の範囲などについて、大幅な経済上の変化が避けられないということである。しかしながら、このような変化に乗り出すための努力は、多くの国々の国内において、また国際的にも、激しい政治的議論を生み出すこととなる。これが、既存の政治的制度と経済的制度の適応力に深刻な疑問を投げかけることとなる。

最後に、ここにあげたような諸課題はすべて、グローバルな政治的リーダーシップを必要としている。これから新しい国際的制度を設計し、構築する場合はとくにそうである。しかしながら、トランプ政権の多国間主義に対する嫌悪、ヨーロッパがEU内の危機にかかりきりになっていること、中国の意志や能力、目標が見えにくいものとなっている今日、個人であれ集団であれ、果たしてそのようなリーダーシップがどこからか出てくるのかは明瞭ではない。興味深いことに、主要な西洋と非西洋の経済を含む二〇ヵ国から成るグループ（G20）が、経済政策をグローバルに調整するための主要な「クラブ型の」枠組みとして登場してきている。

果たしてこのような諸課題への取り組みが行われることになるのか、現在のところはまったく不明である。しかしながら、これらの課題の一つ一つが示していることとは、グローバルな経済活動と国際関係との関係――政治的権威のグローバルな編成として理解される関係――は現在もこの先も根本的に密接に関わり合った状態でありつづける、ということなのである。

第6章　権利

人権は［多くの国際関係論の］教科書において、たいてい環境や核拡散などと並べられて、数ある重要事項の一つとして記述されている。こういう書き方がされているのは、人権が現代の世界政治において重要な特徴の一つではあるものの、国際システムの力学において中心課題となるものではないとみなされているからである。実際のところ、われわれは人権について特有の考え方を抱いている。まずわれわれが思い浮かべるのは、戦争の力と経済競争によって生まれた主権国家なら成るシステムであり、その次に人権へと目を移し、人権を、国家を上品にする、つまり国家が自国民を食い物にするのを防ぐための手段として一九四五年以降（あるいは一九七〇年代以降）に生み出された新しい考え方であるとみなしている。論者たちは、この新しい考え方がどの程度うまくいったかについては意見を異にしているものの、これが人権について主流となっている捉えられ方である。

本章ではこれとは異なる見解を提示したい。個人の権利――人権はこの権利の一つの形態である――が、現在の政治的権威のグローバルな編成が進化してきた過程で中心となるものであったという見解を示す。何も私は、普遍的な道徳原理としての人権が、政治的権威がグローバルに編成される以前の世界を席巻し、悪の力を追い払ったと主張したいわけではない。そのような主張をするつもりはまったくない。そうではなく、私がここで主張したいこととは、個人の権利を求める戦いが、二つの重要な点において政治的権威のグローバルな編成を方向付けしてきたということである。第一に、過去五世紀のあいだ、この戦いが帝国から成る世界から現在の主権国家から成るグローバルなシステムへと移行することを手助けしてきた。第二に、この転換プロセスの終盤において、人権を求める戦いが法的拘束力のある国際人権規範の成文化をうながし、この規範が主権国家としての権利——つまり主権国家としての政治的権威——を実質的に狭める役割をした。さらには、ラテン・アメリカや東ヨーロッパ諸国から自由民主主義がしっかりと確立されている［西側］諸国に至るまでのさまざまな環境下において、人権を求める活動が、これらの規範を国家を平伏させるために用いた。

ここからの議論において最初の節で説明することとは、ありとあらゆる形態の政治的権威において権利がその中心にあるということ、個人の権利（そして人権）の役割、そして個人の権利の「パワー・メディエータ［アクター間のパワー格差を調整するもの、本章の議論においては弱いアクターのパワーを高め強いアクターに対し同等のパワーにするもの］」としての機能である。二番目の節において論じることは、どのように個人の権利を求める戦いが帝国を次々と解体し、主権国家の建設を認めることで政治的権威のグローバルな編成を再構成したのかということ。最後の節では一九四五年以降の国際人権レジームの発展について考察し、国家がそのパワー［つまり国家権力］を乱用することを抑え込むための努力として、国際人権レジームの規範がどのように用いられてきたのかについて述べたい。

1　政治的権威と個人の諸権利

ありとあらゆるタイプの政治的権威――小さな規模の権威であろうとも、主権、帝国、ヘテロノミーなどを基にした大規模な権威であろうとも――は、社会的、政治的エンタイトルメント(entitlements)〔通常日本語では「権利」「資格」などの訳語を与えられているが、本書では「権利(right(s))」と区別するためにカタカナで表記する〕を配分する。もしくは、われわれが通常「権利(rights)」と呼んでいるものを配分する。実際、政治的権威の諸形態はこうした権利によって接合されると述べることも可能なのである。そしてこのような権利の性格、こうした権利がどのように配分されるのかは、政治的権威がどのように編成されているかについて多くを語るものであると述べることもできる。

第2章で見たように、現在の国家から成るグローバルなシステムは、政治的権威を領土的な単位ごとに分割し、こうした単位が、国境の内側において至高の権威とみなされるなどの主権的権利を享受している。しかしながら現代においては、主権的権利の範囲――国家が正統なものとして主張できるパワー――は、国境の内側の個人の政治的諸権利によって制限を受けるものとなっている。個人が強固な政治的権利を保有している国では、主権にはその分制限が加わり、その逆もまた然りなのである。たとえば個人が言論の自由や集会の自由といった権利を保持している国では、人々が街を行進したり政府を批判したりしたとしても、国家はその人たちを拘束する権利をもたない。同様のことは主権国家以外の政治的権威についてもいえる。中世ヨーロッパのヘテロノミー的な政治秩序も同様に、権利という表現は用いていなかったにせよ、政治的エンタイトルメントを配分していた。多数の政治的権威の中心――神聖ローマ帝国、カトリック教会、さまざまな君主や公国君主、都市や市、地方の封建領主――がすべて、それぞれに政治的権利や社会的権利を保持していたのである。しかしながら同様のことは、小作農から商人に至る、彼らの支配のもとにあった個人についてもいえた。どちらのケースにおいても――主権の場合もヘテロノミーの場合も――個人の権利、また政治的アクターや政治的制度の権利がどのように定義されているのか、そしてそれらの権利が互いにどのような関係にあるのかが、それぞれの政治的権威の性格や範囲に影響するのである。

個人の権利

ここまでの議論ですでに示したように、当然ながら、権利にはさまざまなものがある。個人の権利と集団的な権利に分類することは一般的である。つまりは、一人の人間の権利（読者のあなたや筆者の私の権利など）とグループの権利（たとえばアマゾンのヤノマミ族といった先住民の権利）の二つに分類する分類方法である。ここでは、記述できるスペースに限りがあるので、このうちの個人の権利に焦点を合わせてゆきたい。

個人の権利はさらに二種類に分類することができる。一般的な権利と特殊な権利である。特殊な権利とは、契約や習慣、あるいは、われわれが保持する特殊な地位から発生する権利である。たとえば住宅を購入する際には、住宅の売買契約書が購入者に特殊な権利（たとえば不動産を定められた金額で購入する権利、定められた日付に所有権を獲得する権利）を授ける。購入者は契約書に記載のない権利は持たない。中世の個人の政治的エンタイトルメント――法皇、君主、都市市民――も同様に特殊なものであった。この特殊な権利は、複雑なヘテロノミー的政治社会秩序におけるそれぞれの身分から発生するものであった。他方、一般的な権利はかなり異なるもので、本章での議論において重要なのはこちらである。個人は、契約書に署名したとか特定の立場にあるという理由ではなく、ある特定の存在であるという理由だけで一般的な権利を保持している。この議論にはいくつかの異なるバリエーションがあるが、すべての見解が一致して主張していることとは、人間一人一人は唯一無二で価値のある存在であり、一人一人がこうした価値を擁護する権利を保有しており、この権利は自動的に備わるもので、（たとえ侵害することはできたとしても）奪い取ることはできないということである。ある見解によれば、個人は良い生活を想像する能力において唯一無二の存在であり、自分のビジョンを追求する一人一人の能力は一般的な権利によって保護されているとされている。別の見解によれば、個人は（食べ物や住まいから言論の自由に至る）基本的欲求を保持しており、こうした欲求が満たされない場合、個人は完全に人間らしい生活を送ることができないとされている。それゆえ、個人は、一般的な、不可侵の権利を持っているのである。これらの欲求が満たされることを確実にする手伝いをするため、である。

人権とは何か

読者諸氏は、ここまで私が「人権（human rights）」という用語を用いることを避けてきたことに気がついているであろう。個人が、保護することが必要とされる特有の能力や欲求とともに、ある種の立場として単に存在しているというだけで保持しているとされる権利について書いているにもかかわらず、である。こうした権利を人権というのではないのか、という疑問が浮かんでいることと思う。この疑問に対する答えは、イエスでもありノーでもある。人権が一般的な個人の権利であるというのはそのとおりである。人権は、われわれが独特で価値のある、ある種の存在であるというだけ、つまり人間であるというだけで保持している権利である。しかしながら、こうした一般的な個人の権利を、生物学分類上の全人類に適応しようという考え方は、かなり近年になって初めて生まれたものであり、一九四五年以降の時代になって初めて達成されたことなのである。それ以前の時代では、自分自身は自然に備わった不可侵の権利を保有するが、自分以外の人々――女性、財産を保持しない労働者、奴隷、植民地住民、先住民などの人々――はこうした権利を持つ「理性を備えた成人（rational adults）」ではないと人々が主張することが、ごく当たり前のこととして行われていたのである。ここから二つの重要なことが読み取れる。第一に、こうした除外をあえてぼかさないかぎり、「人権」という用語は、一般的な個人の権利の発達の段階のごく近年の部分にしか用いることができないのである。人権を、生物学分類上の人類すべてが持つ権利とする考え方は、ごく近年になってから、しかも多くの場合、ためらいとともに受け入れられるようになった新しい考え方である。第二に、生物学上のすべての人類のなかでいったい誰に個人の権利を付与するのか、個人の権利についての歴史は、これをめぐる闘争が繰り返される歴史

（反奴隷制運動から始まって、レズビアン、ゲイ、バイセクシュアル、トランスジェンダー、クィア、インターセックス〔LGBTQI〕の権利を求める現代の運動に至るまで）なのであるが、この点をしっかりと認識しておくべきなのである。さらに、こうした闘争が、政治的権威のグローバルな編成における大きな転換と密接に関連していたということを認識する必要がある。

個人の権利――あるいは人権――は、どうして重要なのであろうか。どうして個人は自分の権利が認識され尊重されることを求めるのであろうか。その理由の一つは、個人の権利が長い時間の変遷のなかで、著名な法哲学者のロナルド・ドウォーキンが呼ぶところの「切り札」の規範となったからであり、ほかのすべての倫理的考慮を打ち負かしてきたからである。個人の権利が善悪を判断する支配的な言語となり、基本的な人権が侵害されたと主張することが、個別のアクターや制度に対して主張できる最大の批判の一つとなったからである。倫理哲学者のジョエル・ファインバーグは、このことを「権利は、『主張を行う』対象としては非常に強力なものであり、非常に使い勝手のよい道徳上の調度品の一種なのである」と表現している。

別の理由として、個人の権利はパワー・メディエータなのである。つまり、個人の権利は、物理的に弱い立場にある側が、自分に危害を及ぼそうとしている自分より物理的に強いアクターや制度に対して、力関係を変えるために行使することができる道徳原理なのである（あえてたとえるならば、拷問をされる側が拷問をする側の手を縛るために持ち出すもの）。これは、一七世紀の偉大な自由主義の政治哲学者ジョン・ロックが、自由についての自然権を「暴政に対する柵」と表現した際に伝えようとしていたことである。個人の権利についてこの点――この権利はパワー格差を調整する機能を持つ［つまり、弱者のパワーを増大させる機能を持つ］——を解したならば、どうしてこの権利が敵対的な政治状況を生むのかが理解できるであろう。個人の権利は常に現状の力関係の変更を意図して行使されるものなので、既存の政治的権威に関する諸制度、ルールの運用を行っている主体、関連する社会的階層にとっては脅威と映るのである。それゆえ、当然予測できるように、個人の権利を求める闘争は、しばしば厳しい弾圧、時には暴力的な弾圧の対象となってきたのである。

2　権利、帝国そして主権

帝国の解体とグローバルなシステムの誕生

現在の主権国家から成るグローバルなシステムは、帝国と、帝国の崩壊から生まれたものである。二〇世紀の後半に至るまでは、発達しつつあった主権国家から成るシステムは、帝国から成る、より大きなシステムの内側に埋め込まれていた。すでに見たように、主要な主権国家の多くは同時に帝国パワーでもあり（スペイン、オランダ、ポルトガル、フランス、イギリスのことを思い起こしていただきたい）、この二つのシステムは互いに深く結びついたものであった。こうした観点から考察するならば、帝国は統合的な効力を持つものであり、ヨーロッパ人と非ヨーロッパ人とを、政治、経済、文化的関係の複雑な網の目によって結びつけるものであった。だが、現在の国家から成るグローバルなシステムを最終的に生み出したものは、帝国から成る世界の崩壊なのである。すでにほかの場所において述べたように、国家から成るシステムは五つの大きな波で地球大へと拡大し、それぞれの波は一つもしくはそれ以上の数の帝国の解体を伴うものであった。最初の波は、ヨーロッパにおける宗教戦争の終了とウェストファリアの講和（一六四八年）と結びついたものであった。二つめの波は、スペイン帝国とポルトガル帝国の崩壊とラテン・アメリカ諸国の独立（一八〇八～二五年）と結びついたものであった。三つめの波は第一次世界大戦の終了とヴェルサイユ会議（一九一九年）、四つめの波は一九四五年以降の脱植民地化（一九四五～七〇年）、五つめの波はソヴィエト連邦とユーゴスラヴィアの解体（一九九二年）とそれぞれ結びついたものであった。言うまでもなく、これらのなかで最も重要なのは、第一、第二、第四の波である。現在存在している主権国家は、そのほとんどが、これらの波から生まれたものであり、グローバルなシステムが、アメリカ大陸、アフリカ、アジア、ヨーロッパ、太平洋地域といった世界の主要な地域の全部を含むまでに広がったのは、これらの波の影響すべてが合わさった結果なのである。

これらの波の一つ一つには、たしかに、それぞれに固有の特徴があるものの、すべてに共通する共通の特徴が存在する。すべての帝国は階層構造であった。つまり、これらの帝国は、帝国の核であった本国と、帝国の周辺であった植民地とでは、政治的権威を不平等に配分していたのである（たとえば、イギリスとイギリス領インドとは、政治的権威の配分は平等ではなかったのである）。こうした階層構造によって、政治的権利と政治的エンタイトルメントは不平等に配分されていた。たとえば、ある人が一九〇〇年のイギリス帝国に住むベンガル人の臣民［インド東部のベンガル地方に住む人］であったとするならば、その人の権利は［イギリスの］マンチェスターの資産家の男性の権利とは異なるものであった。また、マンチェスターの資産家の［多額の資産を持つ］男性の権利は、［イギリスの〕ケンブリッジの〔ある程度の〕財産を持つ女性の権利とも異なるものであった。帝国の正統性は、このような不平等なエンタイトルメントへの信頼性に依存したものであった。しかしながら、このようなエンタイトルメントが、先に記した三つの最も重要な拡大の波――ウェストファリア、ラテン・アメリカ諸国の独立、一九四五年以降の脱植民地化とそれぞれに結びついた波――のなかで、一般的な個人の権利を求める闘争からの挑戦を受けることとなったのである。最初のうち、こうした闘争は、当初は、帝国の改革を求めるものであった。制度の改革によって臣民としての権利を認めてもらうことを求めていたのである。しかしながらどのケースにおいても、帝国がこのような改革を拒むと――これは多くの場合、より強い弾圧を伴うものであった――闘争が先鋭化し、最終的には独立した主権を求めるようになったのであった。

ウェストファリアの講和の意義

一六四八年のウェストファリアの講和は、オスナブリュック条約とミュンスター条約という、二つの主な条約によって構成されるものであった。この二つが合わさることによって、一世期以上の期間に及んだヨーロッパでの宗教闘争は終結を迎えたのである。片方に、プロテスタントの主教改革があり、もう片方にカトリックの反宗教改革があり、この二つの勢力が対峙していた戦いである。ウェストファリアについて述べたもののほとんどは、この文脈に不十分な注意しか向けていないが、ウェストファリアの講和を理解するためにはこの文脈は不可欠である。カトリック教会の宗教的権威にとって、宗教改革は挑戦であった。まず、宗教改革が、カトリック教会の宗教的権威に対して挑戦した。そしてこのことが次に、ラテン・キリスト教世界［ローマ・カトリック世界］の守護者であることを自認していた神聖ローマ帝国の政治的権威を低下させた。ここで重要なポイントは、プロテスタントは信仰によってのみ救済が得られると信じていたのであるが、これは、救済は信仰と善行（この点でカトリック教会は手助けができた）によって得られるとするカトリックの見方とは、相容れないものであったという点である。宗教改革は、救済に必要な個人の信仰を個人自らが自由に行えることを可能としただけにとどまらず、カトリック教会が行っていた救済ビジネスに脅威を与えるものだったのである。この問題が破滅的な「宗教戦争（Wars of Religion）」において問題の核心であったということは、平和を求めるための数多くの試みのなかで明瞭となっていた。一五四一年と一五四六年のレーゲンスブルク議会（集まり）は、［神聖ローマ帝国］皇帝のカール五世がラテンのキリスト教世界を再統一するために開催したものであったが、この救済の問題をめぐって決裂に終わっていた。一五五五年のアウグスブルクの和議は、君主に自分の領地の宗教［宗派］を決める権限を与えたことによって有名であるが、個人の信仰の自由を擁護することに失敗したものであったために、すぐに崩壊した。この戦争が次第にエスカレートしてゆき、推計で八〇〇万人もの人々が命を落としたあと、一六四八年になって、ウェストファリアの講和によってこの闘争にようやく決着がつけられたのである。

国家から成る近代のシステムがウェストファリアによって築かれたとする古い考え方は、［近年］広く批判されている。しかしながら、これらの条約［オスナブリュック条約とミュンスター条約］には、三つの重要な機能が存在していた。［第一に］これらの条約によって神聖ローマ皇帝の政治的権威が大きく低下した。［第二に］これらの条約は、帝国内の「選帝侯、君主、国家」とともに、現在のわれわれが主権と結びつけて認識している多くの権利を生み出した。〔第三に〕これらの条約は、個人が宗教的良心に基づいて自由に信仰する権利を支持し、これによって、誕生しつつあった主権的権利を制限した。このように、これらの条約の影響は現在も残っている。

帝国の解体

一八〇八年と一八二五年のあいだ、スペインとポルトガルのラテン・アメリカ帝国〔南米植民地〕が崩壊し、一七の新しい主権国家が誕生した。ここでは、このうち一五の新しい国家を生み出したスペイン帝国の危機に焦点を合わせてみたい。この危機は、一八〇七〜〇八年のナポレオンによるスペインへの侵攻と、それに続いて自分の兄ジョゼフをスペインとインディアス〔アメリカ大陸におけるスペイン帝国〕の国王に就けたことによって発火した。その結果、帝国中でナポレオンに対する反乱が沸き起こった。これらの反乱の主要な目的は、フランスの打倒とフェルナンド七世を国王に戻すことであったが、彼らのなかの多くの自由主義者たちは、同時に帝国の改革をも求めていた。彼らは絶対王政への復帰は求めておらず、個人の政治参加が可能となる立憲君主制を求めていたのである。一八一〇年、反乱軍側はカディスに国会（コルテス・フェネラレス）（議会）を設立した。その主な目的は、ナポレオン後のスペインの憲法についての交渉を行うことであった。

ほどなくして、イベリア半島のスペイン人の代表とアメリカ大陸からの代表とのあいだの、決定的な相違が明らかとなった。個人の政治参加の必要性ということでは、ほとんどの代表は一致していた。ところが、帝国内に住むすべての人々のうち、誰が権利を持った個人に当たるのか――現代の用語で言うところの「理性を備えた成人」に当たるのか――という点において、意見が分かれていたのである。半島のスペイン人たち［つまり、本国のスペイン人たち］は、スペイン人の血を持つ者だけがそこに含まれると主張しており、他方アメリカ大陸の代表は、先住民や解放奴隷（もともと奴隷貿易の一環としてアフリカから運ばれた人々である）もそこに含めるべく奮闘していた。アメリカ大陸の代表はすべての重要な投票で敗れて、その結果生まれた、当時ヨーロッパで最も自由主義的な憲法と評された一八一二年のカディス憲法［スペイン一八一二年憲法］は、多くのアメリカ大陸に住む人々の政治参加という最も基本的な権利を認めないものであった。この時点までは、アメリカでの反乱は革命ではなく改革を求めるものであったが、カディス憲法によって急進化が進み、アメリカ大陸のあちらこちらで主権の独立を求める戦争が燃え上がった。結果として、一八二五年までにスペイン帝国は崩壊した。そして、君主たちが支配する、だいたいにおいてヨーロッパのものであった国家から成るシステムは、新しいラテン・アメリカの共和国がたくさん加わったシステムへと変貌したのである。

一九四六年から一九七五年にかけて、残りのすべてのヨーロッパの帝国が崩壊し、七六の新しい主権国家が生まれた。そしてそれ以上に重要なことに、帝国という制度そのものが崩壊したのである。一九四五年、国連憲章が交渉過程にあった際、帝国はいまだ「神聖な信託（sacred trust）」として記述されていたが、一九六〇年の植民地独立付与宣言（The UN Declaration on the Granting Independence to Colonial Countries and Peoples）では、帝国は「犯罪（crime）」であると宣言されたのである。この劇的な変化の理由として、一九四五年以降の帝国パワーの弱さから現地の反植民地闘争の強さに至るまで、多くの理由が示唆されてきた。ここでは、二つの点において、説得力のある説明が求められている。第一に、多くの帝国がごく短期間に同時に崩壊したのはどうしてなのか。第二に、帝国という制度そのものが、政治的権威の形態として正統なものではなくなったのはどうしてなのか、である。第二の疑問は、第一の疑問を解く鍵でもある。そして、帝国がどのようにしてその正統性を失ったのかを理解するためには、人権をめぐる政治に目を向けるが必要がある。

旧植民地諸国が果たした役割

帝国への信認が失われることになるのだが、そうなるには、まず、アジア、アフリカ、太平洋の植民地に住む人々が自決権を確立する必要があった。しかしながら、第二次世界大戦以前は、この権利は民族という単位で区切られた国家、そしてそのなかでも、ヨーロッパにある国家のみにしか認められていなかった。植民地の人々が自決権を行使できるようになるためには、自決権を新たに再構築し結集する必要があったのである。このことは、生まれて間もない国連の、新たに独立したかつて植民地であった加盟諸国によって達成されることとなる。これらの国々が、新しい人権フォーラムを用いて、自決権をほかのすべての人権を享受するための前提条件として再定義し、これにより達成されたのである。

一九四五年以降、人権が国際的に成文化されたのは西洋主導のプロジェクトによるものであったと広く信じられているが、これは神話であり、実際のところは、エジプト、インド、メキシコのような植民地からの独立を果たした国々が決定的な役割を果たした。法的拘束力のある「市民的及び政治的権利に関する国際規約」と「経済的、社会的及び文化的権利に関する国際規約」の採択に向けた長い交渉の過程において、これらの国々は市民的権利と政治的権利が優先されるべきことを一貫して主張して、強力な実施措置が行われるよう圧力をかけることを主導し、これらの規約が自国の植民地に適用されることを防ごうとするヨーロッパ諸国の努力を、成功裡に押しつぶしたのである。かつて植民地であった国々は、国際的な人権規範の普遍性を確保すると、自決権にほかのすべての人権の保護に不可欠なものとしての位置付けを与えた。これらの国々は、この権利を二つの国際規約に盛り込むことに成功しただけにとどまらない。植民地独立付与宣言の第一項目には「人々を、外国による服従、支配、搾取の下に置くことは、基本的人権の否定である」との記述がある。この時点までに、帝国という制度は倫理的に破綻したのである。そして一九六〇年以降、ほかの場所で記したように、脱植民地化の速度は年間一・三ヵ国から年間三・九ヵ国へと三倍に加速したのである。これが、現在の主権国家から成るグローバルなシステムを迅速に生み出し、国際関係に根本的な変化をもたらしたのである。

3　人権と国家のふるまい

国際的人権規約による人権の明文化

ここまで描いてきた個人の権利を求める闘争において、帝国という専制の望ましい制度上の代替である主権国家は、こうした権利を保護する存在であると仮定されていた。ところが、主権国家が地球上に広がると、こうした考え方の無邪気さが露わになった。人権は、それを認め保護するための制度を必要とする。個人は、単に人間であるというその特性ゆえに、そのような権利を保有しているとみなすこともできるかもしれないが、そのような権利は、それを保護する制度がなければ、常に侵害の危険性にさらされることになる。かなり明白なこととして、主権国家は、このような保護を提供することが可能であるにもかかわらず、提供しない場合が多い。実際、主権国家こそが人権の主要な侵害者であるという議論は十分に成り立つ議論であり、圧倒的にそうであるとも十分に述べられるのである。ナチスによるホロコーストから現在ミャンマーで進行中のムスリムであるロヒンギャの人々のジェノサイド的な迫害に至るまで、歴史はこのような例で溢れている。驚くべきことではないが、主権国家が、生き残っていたヨーロッパの帝国にとって代わるのと同時に、国際規範の成文化から司法メカニズムに至るまで、人権を国際的に保護する仕組みの構築が試みられたのである。

　このような制度の中心的存在は「国際人権規約」である。これは、「世界人権宣言」、「市民的及び政治的権利に関する国際規約」、「経済的、社会的及び文化的権利に関する国際規約」、またこれらの規約の追加議定書によって構成されたものである。「世界人権宣言」は一九四八年に宣言されたものであり、人類すべての「平等で譲ることのできない権利」は「すべての人々とすべての国家が達成すべき共通の基準」であると謳っている。この宣言は一方において、核となる市民的、政治的権利を打ち出したものであり、他方、重要な経済的、社会的権利も打ち出しており、法的拘束力があることを意図したものではなかった。「国際人権規約」の法的拘束力のある核を構成しているのは、一九六六年に採択され一九七六年に発効した、二つの国際規約である。これらはもともと一つの規約として起草作業が行われていたが、市民的、政治的権利と経済的、社会的権利が同一の種類であるかどうか、またどちらがより重要であるかについて国家間で意見が割れていた。この議論は、結局二つの別々の規約を作るということに落ち着いた。市民的、政治的権利についての規約と、経済的、社会的権利についての規約である。このことは、しばしば西洋と非西洋国家の意見の隔たりとして描かれるが、すでに述べたように、植民地からの独立を果たした主だった国々のあいだでは、市民的、政治的権利はより優先度が高いという合意があった。さらに述べるならば、インドが二つの規約に分割することを支持した理由として、インドの憲法においてこの二つは区別されたものであるという背景があった。インドの憲法においては、市民的、政治的権利と経済的、社会的権利は区別されており、前者のみが司法裁判所において起訴可能なものとみなされていたのである。

　これらの規約が国際人権レジームの法的な核を構成しているのであるが、そのような規約は、ほかの多数の重要な規約や協約にも組み入れられている。一九四五年以降の国際的人権を成文化しようとする動きは、かなりの程度、ナチスによるホロコーストの残虐性によって突き動かされたものであった。驚くべきことではないが、最も初期の法的拘束力のある人権条約の一つは、一九四八年のジェノサイド条約（The 1948 Convention on the Prevention and Punishment of the Crime of Genocide〔CPPCG〕）である。この条約は、ジェノサイドが国際法上の犯罪であることを確認し、ジェノサイドにあたる行為を定義し、条約締約国の責任を定めたものである。一九七〇年代と一九八〇年代には、人権制度の第二波として多くの制度が採択されたが、そのなかでも三つがとくに重要である。一九七九年の「女子差別撤廃条約（ＣＥＤＡＷ）」は、締約国に女性に対する差別を法的に禁ずるよう求めたものである。この条約は、女性の権利は男性の権利と同等の法的な保護が受けられることを謳っており、女性への差別を撤廃するためにあらゆる必要な手段を執ることを謳っており、締結国に対し、女子差別撤廃の進み具合について女子差別撤廃委員会に定期的な報告を行うよう求めたものである。「世界人権宣言」と「市民的及び政治的権利に関する国際規約」はともに、拷問にさらされることのない個人の権利を謳ったものであるが、一九八四年の「拷問及び他の残虐な、非人道的な又は品位を傷つける取扱いに関する条約（The 1984 Convention against Torture and Other Cruel, Inhuman or Degrading Treatment〔CAT〕）」は、締約国に国内における拷問を禁止することを求めており、戦争を含む特異な状況下においても拷問は許されるものではないと定め、拷問禁止委員会に定期的な現状報告を行うよう締約国に求めている。最後は、一九八九年の「児童の権利に関する条約（The 1989 Convention on the Rights of Child〔CRC〕）」である。この条約は「国際人権規約」が大人と同様に子供にも適応されることを確認するものであり、さらに進んで、子供に特有の脆弱性と発達するうえでの必要性を鑑みたうえで、子供に特有の権利について明確にしたものである。

こうした制度に対する大きな批判は、このような制度が締約国に対して法的拘束力を有するものとなっているにもかかわらず、その実施のメカニズムが、弱い、あるいは存在していない場合もあるという点である。すでに見たように、このような制度のほとんどは監視委員会を国連の機能の一部として備えており、事例によっては個人がこうした委員会に直接請願することが可能であり、こうした委員会が、各国の人権状況について強い批判を定期的に行っている。しかしながら、制度そのものが、こうした委員会の仕組み以上に、遵守を強制する法的能力をもっていることはほとんどない。こうした法的能力は、重要な地域的な人権枠組みや、近年発達してきた国際裁判所や国際法廷によるものなのである。このなかで最も強力なのはヨーロッパの人権枠組みである。一九五〇年に調印された欧州人権条約（European Convention on Human Rights〔ECHR〕）は、強制力を持つ欧州人権裁判所（European Court of Human Rights）を伴うものである。欧州人権裁判所は国家と個人の双方から提訴の受理を行っており、その判決は法的拘束力を持つ。グローバルな人権裁判所は、二〇〇二年に国際刑事裁判所（ICC）に関するローマ規程が発効するまで存在しなかった。［オランダの］ハーグに設置されている国際刑事裁判所は、ジェノサイド、戦争犯罪、人道に対する罪、侵略犯罪の疑いのある個人を訴追し処罰するための裁判所で、ここで訴追、処罰される犯罪のほとんどは、人権の大幅な侵害を伴うものとなっている。国連は一九九〇年代に二つの臨時の法廷を設置した。旧ユーゴスラビア国際戦犯法廷（一九九三〜二〇一七年）とルワンダ国際戦犯法廷（一九九五〜二〇一五年）である。そのようななか、世界は大規模な残虐犯罪を裁くための常設の法廷が必要であるという広範な意見が存在し、その声を受けて国際刑事裁判所が設置されたのである。しかしながら、第3章において見てきたように、この裁判所は大いに議論の余地があるものとなっている。

非国家主体による人権問題への取り組み

国際関係論における旧来の考え方——つまり諸国家を主要なアクターとみなしたうえで、国家の他国との対外関係に焦点を合わせるというやり方——は、国際的な人権という問題をどのように扱うのかということに関して、困難を抱えたものである。なぜ国家は、自らの主権を制限し、国境の内側で国家が個人に対して行使できることを制限するような権利を、あえて成文化するのであろうか。そして国家こそが重要なアクターだとされているのに、国際的な人権規範が変化を生むなどということがどうして言えるのであろうか（こうした変化は、喜ばしいことに時折実際に起こっている）。このような疑問に、旧来の考え方からは答えを導くことができない。しかしながら、このような疑問への答えは驚くほど単純なものとなる。非国家主体が決定的な役割を果たしてきた、それが答えなのである。たしかに、上記の条約や規約に署名し、これらを批准したのは国家である。しかも高い見識をもった国々は、しばしばこのような人権問題の解決の後押しをし、これらの条約や規約の実効性をさらに高めることまで行っている。しかしながら、多くの場合、国家は非国家主体によって行動を起こさざるを得なくなるよう先導され、包囲され、辱めを受けてきた。これらの非国家主体は、多くの場合、地域的な活動家間のネットワーク、国境を越えて展開されている人権運動、国際機関である。国際的な人権レジームに生命を与えて、これを政治闘争や政治変動のダイナミックな場としているのは国家による努力ではなく、これらのアクターや機関なのである。

それでは、非国家主体はどのように人権問題を前に進めることができたのであろうか。地域的な活動家間の「国境を越えたネットワーク」、国境を越えた規模の人権団体、（国連などの）国際機関が、どのようにして主権国家の政策や行いを変えさせたかについては、かなりの研究が行われてきた。こうしたなかで、とくに影響力の強い主張が二つある。最初の主張はアメリカの政治学者マーガレット・ケックとキャスリン・シッキンクらによって提唱されたもので、国境を越えたネットワークによるプレッシャーと、国家が人権に対してその行動を変えることとの関係には、「ブーメラン」の法則があるという主張である。図6が示しているように、国内の人権団体が単独で国家による人権侵害を是正しようとした場合、国家にそれを阻まれることになる。だが、これらの人権団体が自

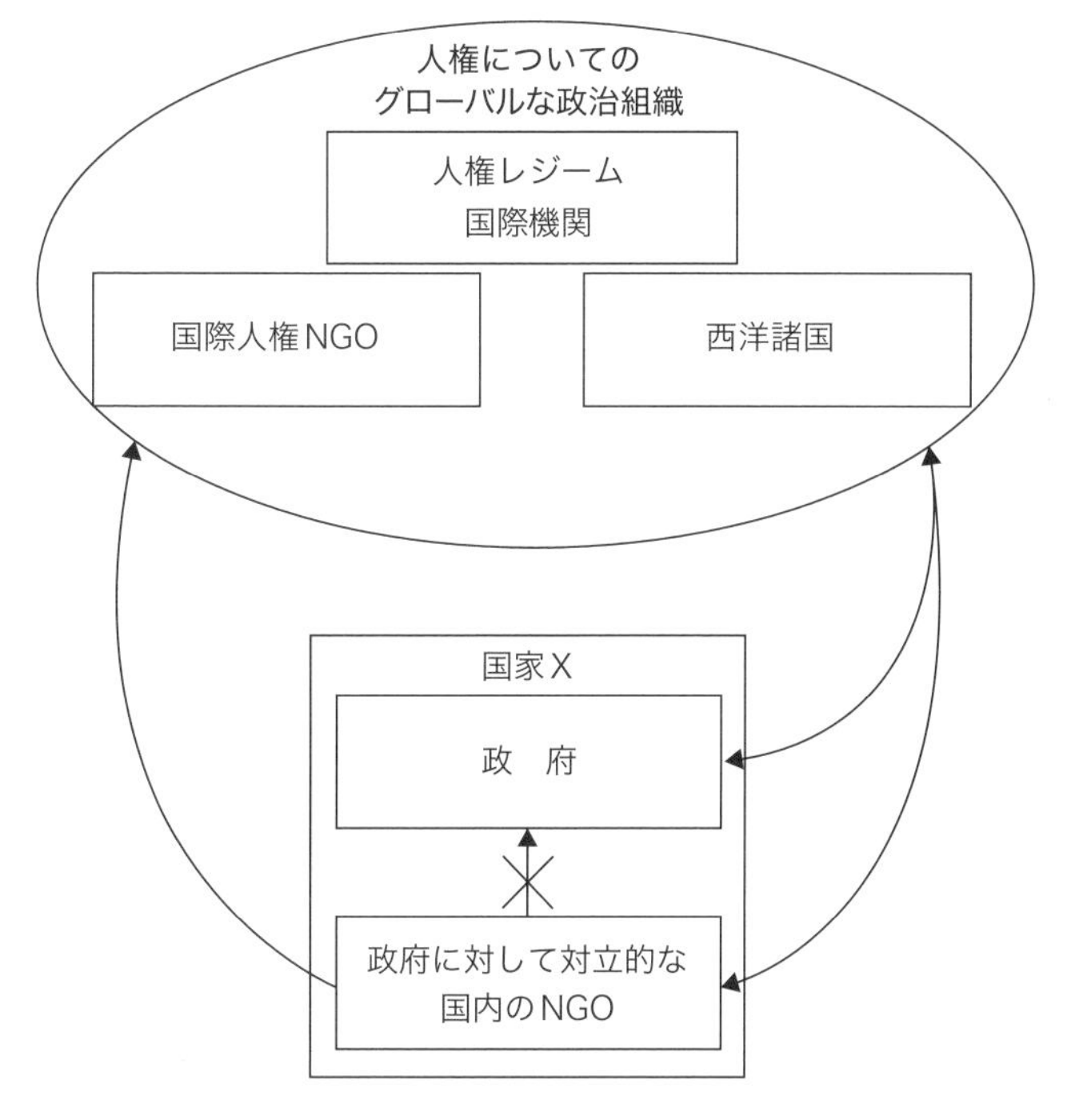

図６　「ブーメランの法則」の国境を越える影響力

国の外へと手を伸ばし、侵害についてほかの国々や国際機関に訴えた場合、国境を越えた支援ネットワークを構築することができ、国際的な人権規範や外国による圧力を動員して、人権を侵害している自国にプレッシャーをかけることができる。国内の運動家が、自分たちの人権への懸念をグローバルな場へとブーメランを投げるようにして投げ、そのブーメランが国際的な監視や国際的な批判として戻ってきて、多くの場合、その人権侵害国家が行動を是正せざるを得なくなるという構図である。この構図が有効であることは多くの実例によって実証されているが、その一つは南アフリカのアパルトヘイトの撤廃である。この分野の第一人者の一人であるオーディー・クロッツが述べているように、反アパルトヘイト運動家たちは、新しく独立したアフリカの「前線」諸国と連携し、国際機関――とくに国連とイギリス連邦（The Commonwealth of Nations）［かつてイギリス帝国を構成していた国々によって構成されている連合体］――と共同で、誕生しつつあった人種差別に対する規範を動員して、制裁措置を行うようイギリス、フランス、アメリカ（南アフリカの最大のサポーター）に強く働きかけ、その結果、一九九一年アパルトヘイトは廃止せざるを得ないまでに追い込まれたのである。

「ブーメラン」理論は、非常に鮮やかに見える明快な理論で、一回のサイクル――ブーメランを一回投げるだけ――で人権に対する国家の行動を変えるだけの力があるように思われがちである。しかしながら、実際には人権に対する行動の変化は段階を経るものであり、圧力と改革が繰り返されることによって、時が経つにつれて徐々に変わってゆく。このことを組み入れるために、一九九九年、トーマス・リッセとスティーヴン・ロップ、キャスリン・シッキンクは人権に対する行動変化

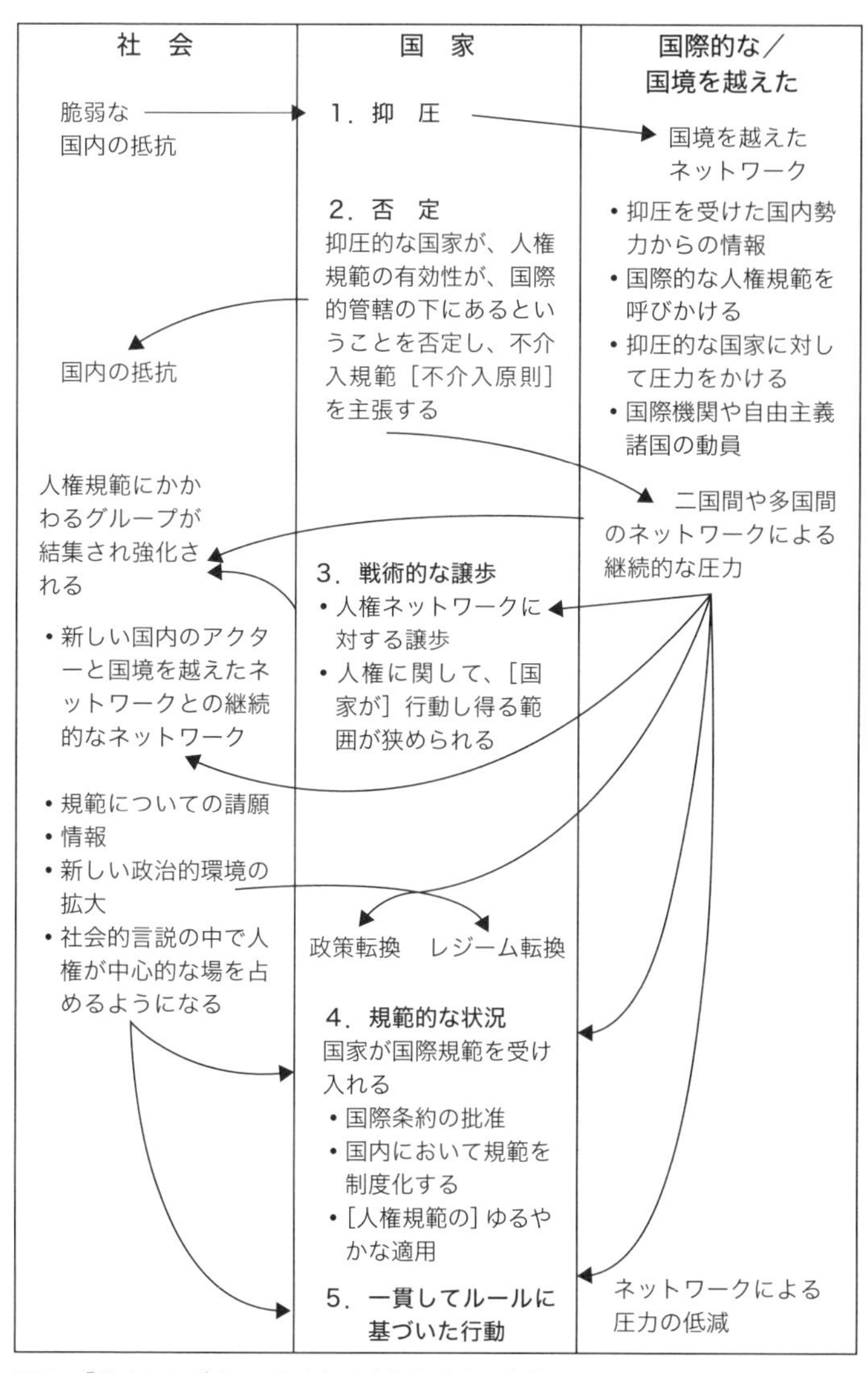

図7　「らせんモデル」で表される人権をめぐる変化

の「らせんモデル」を提唱した。図7で詳述されているように、らせん状の繰り返しは五つの段階を経るものであり、それぞれの段階で深いレベルの変化を生む。抑圧の初期段階において、当初、国家は抑圧など何も行っていないと否定せざるを得ない状況に追い込まれ、次の段階で、人権運動家たちに「暗黙の譲歩」をせざるを得ない状況に追い込まれ、その次の段階で、（条約や規約を批准し国内の法律を改正することによって）国際的な人権規範を受け入れざるを得ない状況に追い込まれ、最終的には人権を常に保護せざるを得ない状況に追い込まれる、という考え方である。リッセ、ロップ、シッキンクとその共著者たちは、このようなプロセスが、アフリカから東ヨーロッパ、ラテン・アメリカ、東南アジアに至る広範囲の事例において確認された、ということを示した。

人権状況をめぐる問題

さらに最近の研究は、グローバルな人権状況の変化に対するこうした見方には限界があることを示している。リッセとロップ、シッキンクは、国家が人権規範に従うようになる過程への関心が不十分なものであったと認め、自分たちの主張を改訂した。これらの学者たちは、現在では、国家を従わせるには多くの場合、強制（たとえば経済制裁）、積極的な動機（人権状況の改善が国際的に認められることなど）、（国際的な人権フォーラムを通じた）説得、能力構築（たとえば国内の法制度の改革）の組み合わせが必要であると述べている。ほかの論者たちはさらに踏み込み、国家が人権規範を遵守しているかどうかに目を向けるだけでは不十分で、人権規範が実際にどのように適用されているのかを見なければならないと主張している。先に議論した人権規約の多くは、締約国に人権擁護のための国内法の導入を課している。国家はこれらの法律を制定した段階で人権を遵守していることになるが、アレクサンダー・ベッツやフィル・オーチャードといった論者たちは、だからといって人権規範が適用されていると述べられるわけでは必ずしもなく、「現場における」人々の生活が実際に変わらなければ意味がない、と近年主張している。これらの論者たちは、国家が人権上の義務を果たしているかどうかの判断基準は、文化的、法的環境（たとえばジェンダーの平等に関する地域的な規範や法的支援の受けやすさ）から、国家の能力や（政権政党や治安部隊［警察］などの）重要アクターの関心事項、さらには国内の官僚機構の性格から機能（これには人権侵害の申し立てに対する事務処理を行う意欲や能力も含まれる）に至るまで、多く存在すると主張している。

さらに別の見解を示している新しい研究は、人権状況の変化は常に直線的に、前に向かって進むわけではないことを示している。つまり、前進することもあれば後退することもあると述べているのである。たとえば、ジェンダー平等についての国際的な規範と、女性権利の保護を強化するための運動が、多くの国々において保守派の反発を招き、深刻な法制度上の後退を引き起こしている。近年ロシアである種のドメスティックバイオレンスが非犯罪化されたことは、その典型的な事例である。ＬＧＢＴＱＩの権利についても同様のことが言える。多くの国々、とくに東ヨーロッパにおいて、近年の保護が取り消されている。最後に、近年独裁政治がグローバルな規模で復活してきていることによって、抵抗的な国々（あるいは抵抗的な指導者たち）、とくに大国が、人権状況を改善するためのブーメランの環境に対して、より強い抵抗力を持つようになってきている。これらの抵抗のなかには――その国の人権運動家を殺害したり拘束したりする――古いスタイルのものもあれば、新しいスタイルのものもある。新しいスタイルとは、たとえば反対意見を抑え込むためにサイバー空間の監視を強化したり、知識が国境を越えて広がることをブロックしたり、虚偽情報を拡散させる、といったものである。

この議論において無視されているのが、人権が著しく侵害される状況――とくに民族浄化やジェノサイド――を防ぐための武器の使用の有無をめぐる議論である。これは、人権をめぐる国際政治においてここ二〇年間、最も重要な問題の一つとなってきたものである。冷戦終結以降の時代は、国際的な解決や国際的な行動において、驚くほどの失敗を目撃してきた時代である。とくに顕著なのが、一九九四年のルワンダでのジェノサイドと、コソボへの介入（一九九九年）とリビアへの介入（二〇一一年）で見られたように、人道的介入の是非をめぐる問題が大きな議論となったことである。しかしながら、すでに第4章において触れたように、この時代はR２P［保護する責任］という概念が大きく発達した時代でもある。国境を越えた運動のもう一つの成果であるR２Pは、二〇〇五年国連によって正式に認められた。R２Pは、国家の主権は自国国民を保護する責任を満たすことによって成り立つものであり、国家がその責任を果たさない場合、国際コミュニティはそのような保護を提供する義務を負うということを基本理念に掲げている。この主権の新しい解釈の意味と適用をめぐって議論がまき起こっているのであるが、人権と国家の政治的権威、そして国際的な政治的権威の関係が議論されていることは意義深いことである。

たとえば法制史学者のサミュエル・モインのように、学者たちのなかには、国際的な人権の時代は一九七〇年代になってようやく始まり、現在は終わりつつあり、非常に短命なものであったと主張している者たちがいる。このような見方は、第一に、一九四五年以降の脱植民地化において人権の果たした役割をまったく無視して初めて成り立つ議論であり、第二に、一九七〇年代以降の人権の発達におけるアメリカのパワーとリーダーシップが不可欠なものであったという前提があって初めて成り立つ議論である。しかしながら、すでに見てきたように、両方の想定とも問題を抱えたものである。人権をめぐる政治は現在の主権国家から成るグローバルなシステムの段階的な発展と深く関係するものであり――とりわけ二〇世紀の脱植民地化に関してはそうである――国際的な人権規範の成文化と活用は、主にアメリカ以外のアクター――植民地から新しく独立した国々、見識をもったミドルパワーの国々、国境を越えた運動家たちのネットワーク――によって推し進められてきたのである。これらすべてのケースにおいて、個人の権利・人権をめぐる政治は、政治的権威のグローバルな編成を形成したり再形成したりしながら、国際関係に巨大な影響を及ぼしてきたのである。

第7章　文化

文化をめぐる政治が、現代の国際関係のなかで大きく浮かび上がっている。その理由は、多様なアクター――国家から始まって国境を超える暴動に至るまで――が、民族的、人種的、宗教的、文化的アイデンティティや価値観、不満を取り巻くように蠢（うごめ）いているからである。中国やインドなどの興隆しつつある国々が、西洋の経済的パワーや軍事的パワーに対して挑戦を行うのみならず、西洋の文化的支配に抗うように、自らを特有の文化、歴史、価値、慣習によって活力を得た独自の文化的パワーであると誇っている。他方、民族的なナショナリズムが世界中で高まっており、自分たちの旗印を掲げ、グローバル志向のエリートたち、文化的マイノリティに属する人々、移民たちや難民たちを攻撃している。これらだけでも十分だが、さらに、新しい形の国境を越えるテロリズムが、政治色を帯びた宗教や人種的な優越の名のもとに暴力を正当化し、多くの社会を脅（おびや）かしている。国際関係は世俗化に成功し、その結果文化は国内問題へと後退したという見方が長年にわたって維持されてきたが、近年のこうした動きは、互いに組み合わさることによって、この見方に挑戦を突きつけるものとなっている。

これらすべては、政治的権威のグローバルな編成に対してどのような意味を持つのであろうか。リアリストのなかで、国際関係を単純に物理的なパワーをめぐる闘争であるとみなす論者たちは、このような文化的な騒動を、政治の真の原動力であるパワーや利益から人々の関心をそらす攪乱(かくらん)要因として捉えている。しかしながら、現在の議論において優勢となっているのは、これとは異なる二つの見方である。一つめは「文化主義者（culturalist）」の見方である。文化主義者は、文化は政治的権威がどのように編成されるかに強い影響を及ぼすと考えている。政治的権威の仕組みには深い文化的価値観が反映されており、共有された価値観が政治的制度の支えとなっている、とみなしているのである。こうした考え方に立つならば、現在の文化的多様性こそが問題なのである。文化的多様性が近代の国際秩序の西洋的文化基盤を侵食しているからである。これに相対する見方が「制度主義者（institutionalist）」の見方である。制度主義者は、文化的多様性が問題なのだという見方を否定する。制度主義者は、近代の政治秩序が——主権から多国間主義（multilateralism）に至る——文化的相違の政治的影響力を中和する制度を発達させ、その結果、異なる文化的背景を持つ国々や人々がうまく共存し、交流できるようになったと主張している。だが、どちらの見方も、文化と政治的権威のグローバルな編成との複雑な関係を十分に捉えきれたものではない。文化主義者は、政治的権威の大規模な編成が、歴史上常に多様な文化的背景のもとで発展してきたという点を見逃している。他方、制度主義者は、国際的な制度の役割について誤解している——制度主義者は国際的な制度が文化を中和し、「政治とは」無関係なものとしたとみなしているのであるが、これから見てゆくように、そうではなく、国際的な制度によって文化が編成されるのである。

本章では、文化と政治的権威のグローバルな編成との関係について異なる観点を提示したい。文化という概念については、それ自体が激しい議論となっているが、まずはこの点に留意し、そのうえで（それにもかかわらず）有効に機能するおおまかな定義を提示したい。その次に、文化主義者と制度主義者の見方の欠点について詳述したうえで、それらとは異なる理解を提示する。本章で提示する見方は、文化的多様性を規範として扱い、政治的権威のすべての大規模な編成は、多様性に秩序を与えるための制度を発達させて、独特の政治的、文化的階層を構築したと主張するものである。

1　文化とは何か？

おそらく最も影響力のある文化理論家であろうレイモンド・ウィリアムズは、文化という語は「英語のなかで最も複雑な［意味を持つ］二、三の単語の内の一つ」であると述べている。文化人類学者、カルチュラル・スタディーズ研究者、社会学者らが、文化をどのように定義し研究するかについて、長年にわたって議論を繰り広げているが、それだけにとどまらず、われわれは文化という単語を日常生活のなかで非常に多様な意味で用いている。別の代表的な文化理論家であるテリー・イーグルトンは次のように説明している。われわれは文化という語を、非常に芸術的価値の高い、高尚な業績について用いている。たとえばバレーやオペラ、名画などである。またこれとは幾分異なる用法として、精神的もしくは知的発達の過程を表す語として用いている。たとえば文化度を高める、などの用法である。さらには三番目の意味として、「人々の暮らしのなかの価値、習慣、信条、特徴的なふるまい」を表す語として用いている。そして最後の意味としては、さらにずっと広い意味で、「詩や音楽、ダンス」から始まって「交通ネットワーク、「選挙での」投票の仕方、ゴミを捨てる際のやり方」に至るあらゆるものを含む人々の営み全般を表す語としても用いているのである。

本章は短い章であるので、現在進行中の文化の性質についての議論を解決したり、われわれが文化という語を日々の生活において多様な意味で用いていることに秩序を与えたりすることは不可能である。そうはいうものの、有効な手立てが二つほどある。第一に、文化と政治的権威の編成との関係を考える場合に最も有効な文化という語の意味は、三番目の意味と四番目の意味である。つまり、社会的な価値、信条、習慣、あるいは社会生活全般という意味での用いられ方である。だが、文化と生活全般をイコールで結ぶと問題が生じてくる。仮に文化がすべてのものを含むというのであれば、当然そこには政治的権威の編成も含まれることになり、そうなるとこの二つの関係を考えるということは非常に難しくなる。このような理由で、ここでは文化を、共通の考え方、信条、規範、価値として広く捉える、前者の文化の定義を用いることとしたい。この意味での文化は、ことば、画像、身体、制作物、習慣を介して表現され、またこれらに埋め込まれたものである。そして、これらは個人やグループのアイデンティティや利益を告示することによって、またアクターがさまざまな目的や目標を追求する手助けとなるリソースを供給することによって、社会を形成するのである。われわれが、自分たち自身をどのように認識しているのかについては、われわれが暮らしている複雑な文化的環境に深い影響を受けている。だが、われわれは、それと同時に、文化的環境から生まれてくる価値、規範、習慣——多くの場合は無意識に、時には意識的に——に依存している。これらの価値、規範、習慣は、（結婚の準備から始まって政治キャンペーンに至るまで）何かを行うに際の手助けとなり、何かを達成しようとするに際して、達成する理由を正当化してくれるのである。

二つめの手立てとしては、文化を、常に複雑であり時に矛盾するものであると理解することである。これから見てゆくように、文化主義者も同様に、文化を、共通の考え方、価値、習慣としてみなしているが、これらの考え方、価値、習慣よって、明確な境界を持つ、一貫性のある、強固に統合された「文化」が構築されると考えている。つまり、ネーションや宗教、文明として一般にみなされているものが構築される、と考えているのである。ところが、少なくともここ三〇年ほどのあいだに、文化人類学者、カルチュラル・スタディーズ研究者、社会学者らは、文化をこれよりもはるかに複雑なものとして捉えるようになってきている。著名な社会学者のアン・スウィドラーは、「すべての真の文化は、多様な、時には矛盾するシンボル、儀式、物語、行動のための指針を含んだものである」と表現している。ノーベル賞の授賞者である経済学者のアマルティア・センは、この複雑な文化的宇宙は個人に多様なアイデンティティを付与するものであるとして、次のように主張している。

同一の人物が、なんらの矛盾を抱えることもなく、アメリカ国民であり、カリブ海の出身であり、アフリカ系の祖先をもち、クリスチャンで、自由主義者で、女性で、ベジタリアンで、長距離走愛好家で、歴史家で、教師で、小説家で、フェミニストで、異性愛者で、ゲイやレズビアンの権利の支持者で、演劇愛好家で、環境運動家で、テニスファンで、ジャズミュージシャンで、宇宙に知的生命体が存在するという説を深く信じていて、その生命体と（できれば英語で）話をしてみたいと強く願うことは可能なのである。

2　文化主義者と制度主義者

文化主義者の主張

文化は、主権国家から成るシステムや帝国から成るシステムなどといった政治的権威の大規模な編成の性格や安定、働きにどのような影響を及ぼすのであろうか。この問いに対する文化主義者と制度主義者の対照的な解答が、この二つの立場の根本的な違いを浮かび上がらせてくれる。文化主義者は、政治的権威のすべてのシステムは、強力な文化的基盤を必要とすると考えている。この考え方を最も鮮明に打ち出している論者の一人は、英国学派を代表する論者であり、第2章ですでに言及したマーティン・ワイトである。ワイトは「国家間システムは、そのシステムの構成国のあいだでかなりの程度の文化的統一性がなければ存在しえない」とし、古代ギリシアや中国、西洋のシステムについて議論するなかで、「これらはすべて単一の文化のなかで生まれた」と主張している。ワイトのような文化主義者は、強力で一貫した文化的基盤には二つの機能があると考えている。文化的基盤が政治的権威の編成がどのように行われるのかを定め——つまり政治的制度や政治的慣習の性格——文化的基盤がその編成の正統性を保証すると考えているのである。その編成は、アクターが共有する文化的価値を体現したものだからである。例を挙げるならば、今日の国際秩序は西洋文明の産物であるということがしばしば主張されている。つまり国際秩序の制度は、西洋列強を束ねている文化的総意に依存する西洋の文化的作品である、という主張である。文化主義者は統一された文化的基盤という点を強く強調しているので、文化的多様性が高まることを不安定要素として捉える。たとえばワイトは、一九四五年以降の脱植民地化と、その結果として生じた非西洋の主権国家の増加が、かつて西洋のものであった国家から成るシステムに与えるであろう影響を懸念しており、拡大するシステムが「文化上、倫理上のコミュニティと相容れないものとなっている」と警告を発している。元アメリカ国務長官であるヘンリー・キッシンジャーも同様の見解を表明しており、今では、非西洋諸国の最近の興隆を懸念するようになっている。彼は、現代のグローバルなシステムのなかにおいて「多様な文化、歴史、秩序についての伝統的考え方を持つ諸地域が、何らかの共通のシステムの正統性を支持することなどできるのであろうか？」と問うている。

制度主義者の主張

制度主義者の文化的多様性の影響への懸念は、はるかに小さい。政治的権威の大規模なシステムを結びつけているものについて、完全に異なる見解をもっているからである。制度主義者は、「政治的権威の大規模なシステムを結びつけるという」鍵となる機能として働くのが制度であり、最も重要な立憲主義的な制度（第2章を参照）の一つとして数えられる主権は、文化的多様性という問題への解決策として生まれたものであると主張している。一六四八年のウェストファリアの講和以前、ヨーロッパはプロテスタントによる宗教改革を発端とする一世紀以上に及ぶ宗教闘争によって荒廃していた。制度主義者は、ウェストファリアの諸条約によって主権国家から成る初期のシステムが生み出されたことによって、この文化的な闘争が解決されたと主張している。このシステムにおいて、各々の領土においてどの宗教を信仰するかの選択権を君主に授けることによって（ただし選択できるのはカトリック、カルヴァン派、ルター派のみ）、宗教の問題を「国際問題から」国内問題へと転換させたと述べているのである。英国学派の理論家であるロバート・ジャクソンのような制度主義者は、このことを国際関係が世俗化〔宗教から分離〕するにあたって鍵となる瞬間であったと褒めたたえており、「違うことの徳を表現」した「多元性誕生の瞬間」であると称讃している。ウェストファリア以降、主権という制度が強固な枠組みを提供し、そのもとで異なる文化の国々や人々が互いに共存し協力できるようになったと主張しているのである。実際、このことをジャクソンは、異なる文化の人々が隣り合って平和裡に暮らすために「人類がこれまで生み出したなかで最も明晰な制度的取り決め」であると断言している。自由主義的な理論家たちはこの議論をさらに一歩先へと進めて、国際法や多国間外交といった一九四五年以降の基本的制度のさらなる重要性を強調している。この立場の代表的な論者であるジョン・アイケンベリーは、これらの「自由主義的な」制度は「ルールに基づく開かれた」制度で、このシステムの契約上のルールを守るというただ一つの条件さえ達成すれば、すべての文化的形態の国家を認めるものであると主張している。結論としては、国際制度が存続してゆくうえで統一された文化を不可欠な要素であるとみなす文化主義者とは対照的に、制度主義者は、ウェストファリア的な諸制度や自由主義的な諸制度の健全な発展が、文化的な相違を克服するために不可欠な要素であるとみなしているのである。

文化主義者と制度主義者が抱える問題

文化と政治的権威のグローバルな編成についてのこの対照的な見方は、学者間での議論にとどまるものではなく、政策や実務に至るまで浸透している。このことは、二人のアメリカ大統領、バラク・オバマとドナルド・トランプによるまったく対照的な演説に鮮明に現れている。制度主義者であるオバマは、二〇一四年に文化的な分断が拡大するなか、国連の安全保障理事会に国際的な制度に対して力を入れなおすよう求めた。

［われわれは選択を行わねばなりません］これまでの大きな進歩を可能としてきた国際システムを刷新するという選択をするか、それとも不安定という引き波に身をゆだねて後退をするという選択をするか……われわれは、部族や宗派、人種や宗教といった断層線に沿ってわれわれを分断しようとたくらんでいる輩（やから）に対して一つにまとまることができるでしょうか。人類の未来はこれができるかどうかにかかっている、こう述べても言いすぎではないのであります。

まったく対照的に、情熱的な文化主義者であるトランプは、ポーランドで聴衆に対してこのように述べた。

この時代に生きるわれわれにとっての根本問題とは、西洋が生き残りたいという意志を持っているかどうかということです。われわれは、われわれの価値について、どんな犠牲を払ってでも守る価値を有するものと信じているでしょうか。われわれは、われわれの国境を守るわれわれの同胞に対して、十分な尊敬を向けているでしょうか。われわれは、われわれの文明を転覆させようとか、破壊しようとする輩に直面したとき、われわれの文明を守るのに必要な意志と勇気を持っているでしょうか。

オバマが、文化的な分断という問題に対して国際制度の刷新を解決策と考えているのに対して、トランプは西洋文明の防衛こそが根本であるとみなしているのである。

文化主義者と制度主義者の主張が現在の議論において支配的な立場ではあるものの、双方の主張とも問題を抱えたものである。文化主義者の主張は、文化についての間違った理解と歴史の読み誤りに基づいた主張である。すでに見たように、文化とは（ワイトが想像しているような）統一されたものではない。文化は常にヘテロノミーなもの［異質なものが重層的にまざり合ったもの］であり、矛盾を内に含んだものであり、境がはっきりしないものである。そうであるならば、文化主義者が主張するような、文化が政治的権威の編成に強固な基盤を提供するなどということはありえないことである。驚くべきことではないが、さまざまな国際秩序について研究している歴史家たち——近代初期のヨーロッパ史を研究している歴史家から清王朝時代の中国史を研究している歴史家に至るまで——は、これらの秩序がヘテロノミー的な文化的環境のなかから生まれたことを明らかにしている。制度主義者の見方が問題を抱えたものであるのは、制度の役割を誤解しているからである。これから見てゆくように、国際制度と文化のあいだには重要な関わりが存在する。だが、制度が文化を純粋な国内問題に転化させることによって文化を中和させた、などというのは誤解なのである。そうではなく、制度が文化を編成したのである。制度が特定の文化をほかの文化に優先させるのである（たとえばウェストファリア体制において、カトリック、カルヴァン派、ルター派は受け入れ可能なものとされたが、ユダヤ教やイスラームは不可能とされた）。そうすることによって、制度が政治的、文化的な階層を築き、包含（ほうがん）と除外のパターンを創ったのである。

3 多様性の編成

文化と政治的権威のグローバルな編成との関係

文化主義者や制度主義者の見方が誤りであるとして、ではわれわれは文化と政治的権威のグローバルな編成との関係について、どのように捉えたらよいのであろうか。私がほかの場所で主張したように、まずスタート地点として専門家たちが長年にわたって主張してきたことを真剣に考えるべきなのである。文化とは常に複合的なものであり、時には矛盾を含んだものであるという点である。われわれは日常の生活を送るなかで、女性と男性はどのように関係すべきか、宗教と政治の適切な関係とはいかなるものかに始まって、職場での上司としての正しいふるまいはいかにあるべきかや、外国人との接し方に至るまで、数多くの価値、信条、習慣に囲まれて、またこれらを用いながら暮らしている。このような複合的な環境において、われわれ一人一人はさまざまなアイデンティティを築き、それらを時や場所に応じてさまざまに使い分けている（私はＰＴＡに父親として参加し、選挙の時は党派色のない「環境重視派」で、教室では教授で、山ではハイカーである）。われわれは、ほかの多くの人々とともに文化的宇宙を旅しているのであるが、時に周囲に渦巻く考え方、価値、習慣をそれぞれがかなり異なるやり方で解釈し、このことによって文化的複雑さはさらに一層複雑なものとなる。そして、これらすべてがわれわれの地域的な文化的世界――われわれの住む村、町、都市、国――において正しいのであれば、国際レベルにおいては、物事はさらに一層複雑になるはずである。つまり、国際レベルの文化的景観は、同質性などというものからかけ離れたものとなるはずである。

このことを理解したならば、次に問わなければならないことは、この常に存在する文化的にヘテロノミーな状態は、政治的権威のグローバルな編成にとってどんな意味があるのか、ということである。私はほかの場所において、ヘテロノミーな状態は、主権国家や帝国などの政治的権威の形態を築こうとする人々に対して、はっきりと挑戦を突きつけるものであると主張した。非常に複雑な文化的環境においては、考え方、価値、信条、習慣は、あらゆる政治的プロジェクトにとって利用可能なものとなる。これらはナショナリストの物語（ナラティブ）に練り込まれたり、民族独立運動を燃え立たせるのに利用されたり、政治色を帯びた宗教運動によって呼び起こされたり、政党によって巧みに扱われたり、急進的な改革を正統化するために用いられたり、人権を擁護することと結びつけられたり、さらに多くのことのために利用されたりすることもある。政治エリートたちが、自らのパワーを確保し正統化しようとする際、文化を持ちだすことによってコントロールが可能となる領域をコントロールしようという意欲を強く持っているのは当然なのである。つまり、文化的帰属や文化的表現のなかから正統とされる姿を定め、これらを自らの政治的権威の支えとなる方向へ導き、政治的権威の支えとなるよう利用するのである。言い換えるならば、政治エリートたちは、ヘテロノミー的な文化的環境のもとで、文化的景観を編成、統治しなければならないということである。実行に際しては、政治エリートたちは、私が「ダイヴァーシティ・レジーム（diversity regimes）［多様性を内包した社会制度］」と呼んでいるものを構築する。つまり、政治的パワーの正統な中心（主権国家や帝国などのこと）を定義する規範や慣習を一斉に定め、これら政治的パワーの正統な中心を、正統とされる形態の文化的アイデンティティや文化的表現（宗教やエスニシティ［民族性、民族意識］、文明など）と結びつけるのである。このレジームは、制度設計や制度構築が行われるあいだに非常に短い時間で構築されることもあれば、より長い時間軸のなかでゆっくりと構築されてゆく場合もある。

ダイヴァーシティ・レジームの構築

このことを理解する最善の方法は、今日の主権国家における文化の編成について考えてみることである。すべての国家は国境の内側における文化的地形を形成しようとし、この目的のために自国のダイヴァーシティ・レジームを構築する。［そのやり方はさまざまである］。ある国々は同化政策を採用する。同化政策を採る国々においては、特定の文化が国民文化として定義され、すべての国民がこの文化を受け入れ、吸収することを期待される（フランスは、長年にわたってこのような政策を採っている）。ある国々

――オーストラリアやカナダなどの国々――は多文化政策を採用する。こうした国々では、多様な文化的バックグラウンドを持つ国民に、自分たちのアイデンティティ、価値、慣習を維持し、発信することを許すことによって文化的な相違は管理されることとなる（もっとも通常は自由主義社会のルールや規範に則るかぎりにおいて、である）。ある国々は、はるかに過酷で残忍なダイヴァーシティ・レジームを設ける。文化的地形を再形成するために――ナチスのホロコーストから始まってミャンマーにおける近年の出来事に至る――ジェノサイドや民族浄化を行うのである。その方法は、民族的、人種的、宗教的に「望ましくない」コミュニティの根絶や排除といった方法である。

国単位のダイヴァーシティ・レジームについてこのように述べられることは、とくにめずらしいことではない。しかしながら、国際的なレベル〔国家間のレベル〕でのダイヴァーシティ・レジームの存在や、政治的権威の大規模な編成におけるダイヴァーシティ・レジームの存在については、ほとんど注意が向けられていない。だが、ダイヴァーシティ・レジームの存在は大きな編成の顕著な特性なのである。歴史家たちは――近世ヨーロッパの国家から成るシステム、ローマ帝国、オスマン帝国、清帝国などの――世界で最も名の知られた主権〔国家による〕秩序、帝国秩序、ヘテロノミー的秩序が誕生する舞台となった複雑な文化的背景について明らかにしてきたのみならず、この複雑さを制御し、ダイヴァーシティ・レジームを設けることについて、ほとんど普遍的とも言える欲求が存在したことを明らかにしてきた。ダイヴァーシティ・レジームを設けることによって、文化的な違いのなかから特定の形態や表現を正統なものとして選び出し、これらと正統なパワーの体制との調和を図ってきたということを明らかにしてきたのである。

このことは、二つの例を見ることで理解できるであろう。最初の例はオスマン帝国（一二八五～一

オスマン帝国のダイヴァーシティ・レジーム

九二三年）である。オスマン帝国はきわめて広範な文化的多様性を持つ人々を束ねていた。著名な社会学者のカレン・バルケイが説明しているように、この帝国は「オスマン的なものでも、トルコ的なものでも、イスラーム的なものでもなかった。この帝国は、これら全部を、ローマ的、ビザンティン的、バルカン的、テュルク＝モンゴル的な制度や慣習と組み合わせたものだった」。オスマンの統治者たちは、最初からこの多様性を消し去ることをめざしておらず、自分たちの政治的正統性を物語るために、また諸制度を設けるために、多様な文化的資源を利用した。これらの諸制度がさまざまな宗教的コミュニティを認め、それらのコミュニティに、区分けはされているものの法的に定義された自治空間を認めていたのである。オスマン帝国は、その「ミレット制」がしばしば注目されている。これはギリシア正教、アルメニア教会派、ユダヤ教の各宗教コミュニティを法的に認め、彼らの宗教的諸制度をコミュニティ生活の中心として認め、これらを行政のためのチャンネルとし、徴税のための組織として利用した制度であった。長期間存続したすべての政治的権威の大規模な編成と同様に、オスマン帝国もいくつかのダイヴァーシティ・レジームの盛衰を経験した。傑出した国際関係論学者であるアイスィ・ザラコールが説明しているように、長期的に見た場合は比較的寛容であったが、短期間、かなり抑圧的になることもあった。このうち、よく目立つのは一六世紀と一九世紀の抑圧である。興味深いことに、この二つの抑圧の時期で非ムスリム・コミュニティが迫害されたのは後者だけなのである。一六世紀においては、中央集権化されたスルターンた

ちが、異議を唱えるムスリム・コミュニティをターゲットとし、スンナ派以外のコミュニティを抑圧し、主流派であるスンナ派に正統とされ承認された宗教的諸習慣を取り入れるよう強要したのであった。

清帝国のダイヴァーシティ・レジーム

二つめの例は中国の清帝国（一六四四～一九一二年）である。満洲の草原からやってきた「蛮族」による「異邦」の王朝であった清にとって、文化的多様性を管理する必要性は自己の都合によるものであった。清朝はまた、広大な面積の新しい領土を征服することによって中国を拡大させ、おおよそ現在の大きさとし、多様な文化を持つ人々を自らの支配下に組み入れた。清は明帝国から引き継いだ境界を拡大させ、満洲、モンゴル、チベット、新疆（しんきょう）を組み入れた。これらはすべて、文化が入りまじり、流動的な文化を持つ地域であった。優れた歴史家であるパミラ・カイル・クロスリーが観察しているように、「これらの地域において、経済的な営み、宗教、言語、そして多くの場合、遺伝子プールは、交易、戦争、巡礼が行われた道に沿うように分布しており、物や人の動きに合わせて交じり合った」のであった。清は、このような多様性を運営管理することを目的として諸制度を構築し、それらによって多様な文化を組み入れるのと同時に再構成していた。清朝は八旗（はっき）制を設けたが、これは、満洲人、漢人、モンゴル人を軍事組織と結びつけるための制度であった。また、理藩院（りはん）を設けたが、これは内陸アジアの諸民族を統治するためのもので、これによって帝国行政の内側における文化的相違を制度化した。清はまた、明の文化的慣習を多く取り入れるのと同時に、自己の言語や文化的シンボルを用いることによって、独自の文化的アイデンティティを巧みに築き上げた。一つ例をあげれば、乾隆帝（在位一七三五〜九六年）は、自身の顔をチベット仏教の智慧を司る仏である文殊菩薩に合わせた絵を描かせたのである［「乾隆帝文殊菩薩画像」のこと］。

4　ウェストファリアの奇跡を再考する

ウェストファリアとその遺産

ここまで見てきたように、制度主義者は一六四八年のウェストファリアの講和を特別に重要なものと捉え、ヨーロッパに主権国家から成る初期のシステムを構築したことにより、一世紀以上に及んだ破壊的な宗教闘争に終止符を打ったのみならず、文化的多様性という問題に永続的な解決を与えたと主張している。制度主義者によれば、宗教という形の文化的問題を主権国家内部の国内問題とすることによって、ウェストファリアの講和が国際的な場を世俗化［脱宗教化］したのである。そして、宗教に関してこのやり方が機能するのであれば、文化的相違に関するほかの諸問題――エスニシティ、ナショナリズム、文明などに関する諸問題――においても機能することができるであろう（し、機能するはずである）としている。国々がこれらの諸問題を国家のなかに封じ込めているかぎり、たとえそれぞれの国々の内側においてどのような文化を望んだとしても、文化が広い世界の平和を乱すことはなくなったと主張しているのである。ウェストファリアの講和を褒めたたえている学者たちはかなりの数にのぼる。すでに言及した、リアリストで元アメリカ国務長官のヘンリー・キッシンジャーは、ウェストファリアは「近現代的感性を形作り、その形を前もって示した――ウェストファリアは、現実性と普遍性を優先させて、絶対性に関する判断を保留した――それ［ウェストファリア］は、多元性と自制から成る秩序を浸透させせようとした」と述べている。現代の国際関係論の理論家のなかでは、チャールズ・カプチャンが、ウェストファリアは「ヨーロッパに宗教的寛容と政治的多元性をもたらした」と述べている。また、ウェストファリア的主権を二〇世紀の自由主義的国際秩序の基盤として捉えているジョン・アイケンベリーは、その［ウェストファリアの］講和は「国際秩序の比較的単純で永続性のある原則を」打ち建て「この秩序の内側で、国々は自らの政府の形態と宗教上の方向性を選択する権利を与えられた」と主張している。

先に記した文化と政治的権威について異なる見方をもった論者たちは、ウェストファリアとその遺産についてのこのような見方に対して深刻な疑問を抱いている。ウェストファリアは、それを支持している者たちが述べているような多元性が誕生した瞬間ではないと考えているのである。ウェストファリアの諸条約が築いたのは典型的なダイヴァーシティ・レジームであり、主権国家を政治的権威の重要な中心として位置づけたうえで、特定の文化的アイデンティティや表現のみを正統なものとして認めただけと述べているのである。宗教が文化的相違の容認された軸として認められたというのはそのとおりであろうが、認められたのはキリスト教の特定の宗派だけであった。カトリックとカルヴァン派、ルター派は正統な宗教として認められたが、ユダヤ教、イスラーム、異端とされたキリスト教の宗派、たとえばアナバプテスト［再洗礼派］などは認められなかったのである。つまりウェストファリアは、明確な社会的階層と包含と排除のパターンを築いた大規模な政治・文化事業の一瞬間であり、そこで築かれた多元性は選択的な多元性であったという主張である。

ウェストファリアの支持者たちはこうした点をすべて無視しているのみならず、その外側にあった、より大きな帝国という文脈に気がつかないふりをしている。ウェストファリアがその誕生を手伝うことで新たに出現したヨーロッパにあった主権国家から成るシステムは、アジア、アメリカ大陸、大西洋にまたがる海外の諸帝国から成るネットワークの内側に存在するものであった。この点に関して、支配的であったダイヴァーシティ・レジームは、それ以前から存在していた二つめの顔を持つものであった。ヨーロッパの諸帝国は、殊に南北アメリカ大陸において政治的権威の正統な形態であるとされた一方で、アステカやインカ、マヤといった諸帝国から北アメリカ大陸のインディアン［ネイティヴ・アメリカン］の諸国に至る先住民の政治的権威のシステムは一掃されたのである。これらすべては、明確な文化的階層を根拠に正当化されており、白人優位主義によって捻じ曲げられていたこともあり、キリスト教徒には、ヨーロッパ人ではない人々の征服と処分が許可されていたのである。

ヨーロッパにおけるダイヴァーシティ・レジーム

一七世紀以来、その後グローバルな国際秩序となったヨーロッパの国際秩序は、いくつかのダイヴァーシティ・レジームによって形作られてきた。それらのダイヴァーシティ・レジームは、各々、特定の政治的権威の編成を認め、それらの編成を文化的なアイデンティティや文化的表現の認められた形態と結びつけてきた。一九一九年のヴェルサイユの講和によって設けられたレジームは、ウェストファリアのものと興味深い対照をなすものであった。オーストリア＝ハンガリー、ドイツ、オスマンの各帝国が政治的に崩壊したあと、アメリカ大統領ウッドロー・ウィルソンに率いられた戦勝各国は、国家単位の民族自決という原則をヨーロッパにおいて認めることを求めることによって、ヨーロッパ大陸の政治的権威を根本的に構成し直したのである。しかしながら、主権を認められた政体は、ウェストファリアの時とは異なり、好ましいとされた宗派のキリスト教を支持した君主国ではなかった。それらは民族的な区分に沿って線引きがされた、選ばれた国々であった――チェコ、クロアチア、ハンガリー、ポーランド、セルビアなどの国々である。しかしながら、これらの国々の周りに明確な国境線を引くという作業はきわめて困難であった（たとえば、オーストリア＝ハンガリー帝国が滅んだ時点で、民族としてのハンガリー人の三分の二は新しく誕生したハンガリーの外側で暮らしていた）。そのため、新しく誕生したネーション・ステートの内側で暮らす民族的な少数派を保護するために、国際法による取り決めを行わねばならなかったのである（このことは、その後に起きることになる広範な民族浄化を防げなかったということで、とんでもない失敗という烙印が押されることとなる）。

一七世紀のダイヴァーシティ・レジームと同様に、ヴェルサイユ後のレジームも帝国主義的な顔を持つものであった。ヨーロッパの主権国家から成る発展しつつあったシステムは、帝国から成るはるか遠方にまで広がるシステムの中心に位置するものであった。ウィルソンとヨーロッパ人の会議出席者たちは、民族自決の原則はアジア、アフリカ、太平洋地域の植民地化された人々には適応されないということを、断乎とした態度で示していた。帝国は、ヨーロッパ以外の場所においては、政治的権威の正統な形態としてそのまま残ることとなった。ここでもまた、帝国という政治的秩序は文化的な観点から正当化されたのである。一九世紀、諸帝国は、文明人、野蛮人、未開人という区分を生み出し、主権を付与できるかどうかを判別する際の規準として用いるための公式の「文明の規準」を国際法として成文化させていたのである。ヨーロッパ人は当然のことながら文明人であるとされ、彼らの主権に対して疑問が付されることはなかった。野蛮人とされた人々は、ヨーロッパ人による統治を受ける資格があるとされ、ヨーロッパ人の適切な導きがあれば文明を受け入れることができ、やがては独立を達成できることになる人たちであるとみなされていた。ほとんどのアフリカ人たちと先住民たちは未開人という区分に入れられ、文明化させるのが不可能な人たちであるとされ、引き続き帝国による統治が不可欠な人たちとみなされたのであった。

ダイヴァーシティ・レジームの再編

このダイヴァーシティ・レジーム――ヨーロッパにおける主権と民族ナショナリズム、そして海外［ヨーロッパ外］における帝国と文明、この二つを組み合わせたレジーム――は、第二次世界大戦ののち崩壊した。しかしながら、このレジームの帝国主義的な顔は、おおむね手つかずのまま残った。ヨーロッパ各国は戦争によって大きく弱体化したものの、自らの帝国に執拗に執着し、たいてい自らの植民地を戦後の経済復興に欠かせないものとみなしていた。著名な歴史家のマーク・マゾワーのように、国連が設立されたのは、ある部分、西洋による支配を維持するためであり、帝国秩序を擁護するためであると主張している者たちがいる。そして一九四五年以降、（ベルギー領コンゴ、フランス領ギアナ、インドシナ、ニューへブリディーズ諸島、スリナム、南西アフリカなどの）特定の非自治地域の西洋における統治を認めた「信託統治（Trusteeship）」制度を設けたことにより、国連憲章はこのような統治を「神聖な信託（sacred trust）」としたと述べている。ヴェルサイユ後のダイヴァーシティ・レジームのほかの顔は、悪くみなされるものとなっていった。ヨーロッパの平和は民族によって区分けされた国家に自決権を与えることで達成されるという考え方は、ドイツ国家を「浄化する」というヒトラーのジェノサイド的なプロジェクトと、大ドイツを求めた彼の攻撃的な行動によって木端微塵となった。戦争が終わるや否や、国際コミュニティは民族ナショナリズムという考え方に対してアレルギーを持つようになり、共通の権利や責任を共有する個人によって構成される国家が市民的な理想を体現したものとして、いまや好ましいものとされるようになったのである。第6章において見たように、この理想は国際人権規約の核となる諸文書に記された人権についての諸原則という言いまわしによって打ち建てられた。こうした理想はまた、ヨーロッパの植民地において独立を図ろうと奮闘する人々にとって好ましいものとなった。帝国は正統な統治の形態としてみなされたままであり、植民地化されたほうの人々はいまだ自決権を持たなかったのである。しかしながら、植民地化されたほうの人々は文化的にヘテロノミーな状態にあったので、民族ナショナリズムが信頼を失ったことは反植民地運動家たちにとって有利に働くこととなった。彼らは、それぞれ領土によって区切られた植民地のなかで暮らしていたが、それらの領土的な区分がそうなっていたのは、帝国どうしの競合、経済上の「偶然の」チャンス、地政学的な偶然の産物であり、文化的には恣意的なものであったからである。

一九七〇年代までには、この一九四五年後のダイヴァーシティ・レジームの帝国主義的な顔は崩れ去った。われわれは第6章において、新しく植民地からの独立を達成した国々が国連の人権フォーラムの枠組みのなかで行動し、自決権を基本的人権を享受するうえでの前提として定義し直すことに成功し、帝国という制度を非合法化することに成功したということを見てきた。一九六〇年代末までに、帝国は悪事として再定義されるようになり、文明の階層というものが非西洋人たちに主権の独立を認めないための有効な理由として認められることはなくなった。この時点で新しいダイヴァーシティ・レジームが生まれたのである。そして、このダイヴァーシティ・レジームは、大きな議論のもとに置かれてはいるものの、いまも存続するものである。このレジームは、歴史上初めて、主権国家を政治的権威の――唯一の、とまではしていないものの――第一の正統な中心として定義するものであった。多元主義者たちは、たとえウェストファリアを多元性が誕生した瞬間ではないとしても、今回のものはそのように主張するであろう。しかしながら、ウェストファリアとヴェルサイユの講和が文化的な輪郭と国家のふるまいの形成を狙いとしたのと同様に、一九七〇年代以降のレジームもそのことを狙いとするものであった。一九七〇年代以降のレジームは、主権国家を政治的権威の支配的な形態として確立したが、国際コミュニティは、国家の文化に関するふるまいに無頓着であったわけではない。基本的な擁護は国際人権規範によってなされたが、これは、国家内部で容認される文化に関するふるまいについて制限を課すための多数の条約や規約によってさらに拡大された。一九四八年のジェノサイド条約、一九九二年の民族的または種族的、宗教的および言語的少数者に属する人々の権利に関する国連宣言、一九七九年の女子に対するあらゆる形態の差別の撤廃に関する条約、二〇〇七年の先住民族の権利に関する国連宣言、さらに国際連合教育科学文化機関（UNESCO）の仕事、これらはすべて、主権の行使に制限を課し、国家の内部における文化的慣習の形成を狙いとしたものである。

このダイヴァーシティ・レジームは、現在、かなり大きな挑戦を受けている。グローバルな力関係と文化的な違いについての発言が交差しているからである。経済的、軍事的、政治的に、パワー［の中心軸］が東へと移行しつつある。右翼的なポピュリズムの盛り上がりに見られるように、政治的パワーの新しい形態が、世界の主導的な自由民主主義諸国も含めて、多くの国々の国内政治情勢を形成しつつある。そして、多国籍企業から暴力を用いる反乱者たちに至る超国家的なアクターが、政治的権威の主要な中心としての主権国家に挑戦を突きつけているのである。これらすべては文化をめぐる政治と絡みあったものとなっており、その最も顕著な特徴の一つは、長いあいだ消え去ったと思われていた（もしくは消え去ったことにされていた）文化的な主張の復活である。宗教、民族ナショナリズム、文明が、すべて、アイデンティティや忠誠を主張する際の根拠として復活しており、また政治的権威の現在の構成を作り変えるための倫理上の根拠として復活してきている。中国が儒教文明の美点を主張しているが、これは共産党への国内の政治的支持を高めることを狙いとするだけにとどまらず、西洋による自由主義的な覇権を押し返すことを狙いとするものなのである。オーストラリア、ヨーロッパ、アメリカにおいて西洋文明の優越性を主張する右翼的な主張は、まさに反対のことを狙いとするものであり、西洋による覇権を再び主張しようとする動きである。世界各国に見られる民族ナショナリズム的な運動は、自由主義的な法制度、政治制度を押し返すことを狙いとするものであり、また、国際法やグローバルな機関の権威に抵抗することを狙いとするものである。さらに、宗教によって動機付けされた超国家的な反乱は、ターゲットとした国々の法制度や政治制度を再形成し、西洋による自由主義的な文化覇権に対抗し、またＩＳＩＬの例に見られるように、地域全体の政治秩序を再形成することを狙いとするものなのである。

文化主義者にとって、これらすべては近代国際秩序の終焉を予見させるものである。文化主義者たちにとっては、近代国際秩序というのは、西洋によって西洋のために造られた秩序であり、西洋の文化的価値観の上に築かれ、西洋の文化的価値観によって維持されてきた秩序のことなのである。これとは対照的に、制度主義者は、ウェストファリア的な主権から自由主義的な多国間制度に至る多元的制度が、文化をめぐる政治をこの先も抑制し続けるであろうという考え方を強く信じている。しかしながら、本書で説明したきたこれらとは異なる見解を用いるならば、この問題は違った姿を現す。国際関係において、文化的多様性は何も新奇なものではないのである。歴史上に最も名の知られているすべての秩序は、文化的に多様性を持った構造的環境のもとで発展をした（オスマン帝国や清帝国を思い起こすことで理解できるはずである）。そしてまた、文化的多様性はウェストファリア後の秩序の歴史においても、常に存在していた。これらすべてのケースにおいて、制度が構築されたのであるが、その目的は、文化的多様性に秩序をもたらすことであり、また、特定の形態の大規模な政治的統治の役に立つように文化的多様性の範囲を定め、文化的多様性の方向づけをし、文化的多様性を利用するためであった。近代においては、結果として、いくつかのダイヴァーシティ・レジームが構築された。その最新のものは、普遍的な主権に国際的な人権規範と多文化主義を組み合わせたものである。このように考えた場合、中心的な問題とは、今のこのダイヴァーシティ・レジームが現在の新しいパワー構成［中国の台頭に象徴されるような新しいパワーバランス］や文化的相違の表明を包摂できるだけの適応力を備えたものであるのか、それとも、この先われわれはこのダイヴァーシティ・レジームの崩壊と、別の新しいグローバルなダイヴァーシティ・レジームの誕生を目撃することになるのか、ということなのである。

第8章　政治学の不可欠な分野としての国際関係論

本書は大胆な主張を行った。われわれは国際関係を理解するにあたって、伝統的にそうみなされているのとは異なり、主権国家の対外関係に関心を絞るべきではないと主張した。また、近年ある人々がそのようにみなしているのとは異なり、グローバル政治という、広いものの何を指しているのかよくわからないものにまで視野を広げすぎてはならないと主張した。われわれが焦点を絞るべき対象は政治的権威のグローバルな編成であり、この編成が人間社会や自然環境にどのような影響を与えているのかである、と主張したのである。本書が執った手法は、伝統的な方法の最も価値ある部分をそのまま維持するという手法である。主権国家から成るシステムというのは、政治的権威の大規模な編成の一つであるが、この編成の性質や意味合いに関心を寄せるということである。伝統的な手法の大きな欠点は、焦点をあまりに絞りすぎているという点にある。まるで主権国家から成るシステムを、人類がこれまで権威を編成してきたただ一つの編成方式であるかのように扱っている点が問題なのである。実際には、人類はこれまでさまざまなやり方で政治的権威の構成を行ってきた。そのようななかで最も広く見られたのは、帝国から成るシステム、あるいは封建時代のヨーロッパにおいて見られたような複雑に入り組んだ状態のヘテロノミー的な編成、もしくはこれらの組み合わせである。歴史を俯瞰して見れば、主権国家から成るシステムはめずらしいものであり、本書で見てきたように、現代のグローバルなシステムはかなり近年になってようやく姿を現したものなのである。

政治的権威のグローバルな編成に焦点を合わせるということは、これまでの主な編成すべてを考察の対象とするということであり、そうすることによって、人類が経験してきた政治的環境の移り変わりを見ることができる。また、本書で見てきたように、主権国家から成るシステムと国家同士がどのように交わってきたのか——平和裡の交わりも暴力的な交わりも——ということも、同様に重要なこととなのである。しかしながら、政治的権威のさまざまな編成に焦点を合わせることによって、われわれは主権国家から成るシステムという政治的権威の編成の一形態について、その特徴についてさらに理解を深めることができるようになり、（主権や国際法から始まって貿易協定や国際人権規約に至るまで）その特有の制度上の特徴を浮かび上がらせることができ、どのような歴史的経緯によって誕生したのかを示すことができ、（オスマン帝国や中華帝国などといった）ほかの形態の政治的権威の大規模な編成との比較を行うことが可能となるのである。さらには、われわれは政治的権威のグローバルな編成に焦点を合わせることによって、国際関係論を学ぶ者たちが長年にわたって関心を寄せてきた諸問題を理解するための明快な枠組みが得られるということを見てきた。諸問題とは、戦争の性質や戦争がもたらす影響、戦争をコントロールする必要性、政治と経済の関係、人権の重要性、文化の違いの効果、影響などである。

本書で見てきたように、これらの諸問題はすべて、政治的権威の定義、配分、制度化と深く関連するものである。戦争は（主権国家といった）政治的権威の単位が誕生することを手助けし、こうした権威の主要な創造主として機能し、さらには（主に戦時国際法を通して）権威によるコントロールを受ける対象ともなってきた。世界経済がきちんと機能するかどうかは、「国レベルの経済など」すべての経済体における場合と同様に、政治的権威しだいなのである。しかしながら、同時に、政治的権威の正統性は、経済財を配分するに際してその政治的権威がどのような役割を果たすかによっても左右されるものでもある。ここから、政治的権威は、自国の経済だけにとどまらず、より範囲の広い地域経済やグローバル経済を自らの影響下に置きたいという欲求を持つようになるのである。個人の権利や人権を求める奮闘は、国際関係において「重要度の低い」周辺的なものではない。それどころか、グローバルな政治的権威が再編成されるための重要な原動力となり、現在の主権国家から成るグローバルなシステムが誕生することに貢献し、正統な主権的権威に制限を課す国際規範の発展に貢献したのである。最後に文化についてである。文化は、（国家から成るシステムや帝国などの）政治的権威が安定するための強固な基盤ではない。また、文化が、主権、多国間主義、国際法などのいわゆる多元的制度とされるものによって、政治的に意味のないものになったとする考え方も間違いである。それどころか、すべての政治的権威のシステム――国内レベルのシステムも、地域レベルのシステムも、グローバルなシステムも――は、文化的に多様性のある環境から生まれてきたのである。また、ダイヴァーシティ・レジームというものが、正統な政治的パワーと多様性のなかの承認された型とを結びつけてきたのであるが、政治的権威の性格や編成は、このダイヴァーシティ・レジームの発展に深く影響を受けてきたのである。

だが、政治的権威のグローバルな編成に焦点を合わせることの利点は、これらの重要な諸問題に光を当てるというだけにとどまるものではない。このような焦点の合わせ方をすることによって、現代の差し迫った諸問題の多くについてもより良い理解が得られるのである。世界中の先住民たちは、自分たちの社会的な権利や政治的な権利を求めて奮闘するのと同時に、入植者たちの植民地的主権の正統性に対する挑戦を行っている。アメリカやその他の場所において、妊娠中絶の権利を求める奮闘は、妊娠中絶反対派と戦っている。妊娠中絶反対派は、国家の権威は女性の体の支配にまで拡大すべきであると考えており、それに対して中絶賛成派の運動家たちは権威がそこまで及ぶのに反対しており、自分の体を自分でコントロールする女性の権利を主張している。国際刑事裁判所の権威はアフリカ諸国からの挑戦を受けており、これらの国々は、この裁判所は偏向した起訴手続きを行っていると主張しており、貧しい非白人諸国の犯罪をターゲットにしておきながら、アメリカのような西洋の諸大国の侵略や戦争犯罪に対しては目をつむっていると述べている。イギリスがEUを離脱するかどうかについての熱を帯びた政治討論は、つまるところ政治的権威はどこに宿るのかということをめぐる問題なのである。「残留派」はEUの加盟国にとどまることとヨーロッパの諸制度の権威を支持しているのに対し、「ブレグジット派」は自分たちがイギリスの主権とみなすものを取り戻そうとしている［イギリスは二〇二一年二月にEUを脱退した］。アメリカが（気候変動に関するパリ協定などの）重要な国際条約から脱退したり（WTOなどの）主要な国際機関との連携を拒んだりすることは、政治的権威はアメリカとともにあるのであって、国際制度とともにあるのではないとするトランプ政権の強い信条を反映したものである。過熱しつつある中国対アメリカの競争は、単に経済上の、あるいは軍事上の優越をめぐるものではなく、政治的権威をめぐる闘争でもある。つまり、地域レベルやグローバルレベルにおいて、国際関係のルールを定め維持する権利を持つのはどの国であるのかをめぐる闘争である。これらの諸問題は、政治的権威の性格や、それが宿る場所をめぐる問題が、今日の国際関係においていかに中心的な課題であるのかを示したいくつかの例であり、このような例はほかにいくつでもあげることができる。

政治的権威の性格やそれが宿る場所をめぐる現代のこれらの争いが、近代の国際秩序における危機を意味しているのではないのかと多くの人々が懸念している。アメリカの覇権がこの秩序の中心にあったのであるが、そのアメリカの覇権が現在では弱まり、挑戦を受けている。アメリカの覇権と同様に重要であったのは、EUや国連、WTOなどの多国間制度や多国間機関を通した国際協力であった。だが――新しい種類の組織的な暴力との戦いや拡大しつつある経済格差への取り組みに始まって、グローバル規模の異常気候への対処に至るまで――人類が多数の共通の挑戦に直面しているまさにちょうどその時、このような制度的な協力が弱まっていこうとしているように見える。これらにさらに輪をかけているのは、国家主権を狭い概念で捉える見方が再び登場していることである。これはポピュリスト的ナショナリズムの内向きの傾向によってさらに強まっている。これらすべてが、近代国際秩序の健全さと存続にとってどんな意味を持つのかを深堀りして考察することは、本書で扱いうる範囲を超えた問題である。しかしながら、この秩序が一九四五年以降、あるいはそれ以前から、政治的権威のグローバルな編成の中心にあったという点を考えると、この本の各章で扱ってきた国際関係への考え方は、このような問題の意味を理解しようとする際の適切な道しるべとなるであろう。

本書を締めくくるにあたって、政治学というより大きな学問分野のなかでの国際関係論の位置について、大胆な提言を行いたい。国際関係論は、主権国家間の対外関係という狭い領域に閉じこもっているかぎり、比較政治学、政治理論、（アメリカ政治、中国政治、インド政治などの）関連する国内政治など政治学のほかの諸分野と肩を並べる関係にある。実際、政治学のほかの諸分野は国際関係論を適切に無視することすらできる。国際関係論が、国家間関係という政治学の異なった領域にその焦点を合わせたものだからである。しかしながら、政治的権威のグローバルな編成を国際関係論の中心的な関心事項とした場合、このような括り方が意味をなさないものとなる。まさに、国際関係論が政治学において——必須分野となる、は言いすぎであろうが——必須の分野の一つとなるのである。ここで述べたいことは、国際関係論がありとあらゆる文脈に現れる政治的プロセスのすべてを含んだものであるとか、政治的現象すべてを捉えるものであるとか、ほかの諸分野など必要ないとか、そういうことではない。そうではなく、国際関係論にはマクロな状況——つまり正統な政治的パワーのグローバルな配列——を扱うという、特別な役割——不可欠の役割といってもいいかもしれない——があるということである——このマクロな状況が、主権国家の国内といったより小さな規模の政治を左右するのである。私が述べたいことは、（第5章において議論した）イマニュエル・ウォーラーステインの主張と同種のものである。ウォーラーステインは、よく知られているように、社会学者たちは「世界社会システム」に焦点を合わせるべきであると主張した。資本主義世界経済の一体としての発展が、すべての国内社会システムと絡み合うようになったとする「世界社会システム」に焦点を合わせよということである。私の提言はここまで極端なものでも断定的なものでもないが、おおまかに見れば同様である。国際関係論は、政治的権威のグローバルな編成——今日の国家から成るシステムであろうが、それ以前に存在していた帝国から成る世界であろうが、ほかの形態の正統な政治的パワーの大規模な形態についてであろうが——に焦点を合わせることにより、国内政治が必然的に関わりを持つ全体的、包括的な政治枠組みや政治プロセスに取り組むこととなる。こうすることによって、国際関係論は魅力的な学問となるのと同時に不可欠な学問ともなるのである。

訳者解説

本書『国際関係論』は、オックスフォード大学出版の「A Very Short Introduction」という主に初学者を対象とした入門書シリーズの一冊であるクリスチャン・ルース＝スミット（Christian Reus-Smit）著の『International Relations』の翻訳である。ただし、国際関係論の入門書ではあるものの、日本で出版されている大学初学者向けの「国際関係論」「国際政治学」「国際政治経済学」の入門書と比べると、その内容も構成も大きく異なり、入門書としてはかなり大胆で、挑戦的な内容となっている。そのため、一般書として読んでもかなり面白い。その理由は、コンストラクティヴィズム的な考え方が全面に打ち出されたものとなっており、国際関係の本質は「政治的権威のグローバルな編成」にあるとしたうえで、それを中心テーマとして国際関係を捉えなおそうという野心的なものとなっているからである。また、コンパクトな書籍でありながら、国際関係を時間的・空間的にかなり大きな射程で捉えようとしていることも本書の大きな特徴である。

「コンストラクティヴィズム的な考え方」とはどういうことか、ここで訳者なりに簡単に説明しておきたい。二〇世紀末までアメリカを中心とする「国際関係論」において主流となっていた理論は、リアリズムとリベラリズムである。どちらも、それぞれにそのなかでも立場の違いが存在するものの、あえておおまかに捉えるならば、リアリズムは、主権国家を国際関係における中心的なアクターとしてみなし、その主権国家間の対立的な関係を中心に国際関係を説明し、国際秩序はパワーとパワーが均衡すること（「勢力の均衡」「バランス・オブ・パワー」）によって達成され、維持されるとしている。これに対して、リベラリズムは、国際法や国際制度、国際貿易がもたらす協調的な関係を中心に据えて国際秩序を説明しようとする考え方である。このように書くと、この二つの考え方は相反するもののようにも思えるが、コンストラクティヴィズムという近年に台頭してきた理論的立場との比較という点で述べるならば、リアリズムもリベラリズムも、国際秩序を客観的に捉えようとしているという共通点がある。

これに対してアクターの主観に着目したうえで国際関係を捉えようとしているのがコンストラクティヴィズムである。国際関係には客観的な視点だけでは説明しきれない事象が起きるので、それらを主観に着目することで説明しようとするものである。ただし、ここで注目するのは、個々のアクターの個別の主観ではなく、アクター間で共有されている主観、共通の認識であり、「間主観性」とも呼ばれるものである。この共通の認識のなかで軸となるものが、共通の「規範」「慣習」「アイデンティティ」「考え方」であり、ある程度の時間軸のなかで、アクターとアクターが社会的に交わることで形成、構築されてゆくものであるとされている。それらが国際秩序、本書の言葉を用いるならば「政治的権威のグローバルな編成」を形成すると考えられているのである。また、近年、コンストラクティヴィズムが台頭してきた背景として、リアリズムもリベラリズムも、冷戦の終結を予想できなかったということがある。客観的な分析によって、静的な状況を説明することはできるが、動的な変化をうまく説明することはなかなか難しいのである。

冷戦終結後にアメリカを中心に発展してきたコンストラクティヴィズムであるが、それ以前からイギリスを中心に発展していた英国学派と親和性が高い。実際、本書の著者であるルース＝スミットは、コンストラクティヴィズムに属するとも、英国学派に属するともみなされている。英国学派は、主権国家を国際関係の中心的なアクターとする点に関しては、リアリズムと同一なのであるが、主権国家同士は必ずしも対立的な関係にあるわけではなく、主権国家が集まることによって、一つの大きな社会である「国際社会」を形成しているとみなしている。この社会は、主権国家の上に立つ世界政府が存在しないので、その点だけを見れば「アナーキー」なのであるが、「アナーキー」とは無秩序を表すものではなく、共通のルールを共有する一定の社会秩序を伴った社会であると考えられている。

そして理論ではないもののコンストラクティヴィズムとの親和性が高いのが、国際関係の歴史研究である国際関係史である。理論研究においては、アクターの主観に着目する、ということは比較的新しい研究手法であろうが、アクターの主観を考察することなしに歴史を研究するなどということは不可能であり、国際関係史の研究者たちはこれまでも、史料の読み込みを通して、アクターの主観に着目してきた。アクターの個別の主観や「間主観性」こそが、歴史を大きく動かしてきた原動力の一つだからである。

本書は、「政治的権威のグローバルな編成」の変遷という「歴史」にかなりの重きをおいている。中世から現代に至る歴史の大きな流れをコンパクトに描いた部分は、本書の特徴の一つでもある。高校での世界史で使う歴史地図などでは、中世ヨーロッパの地図も、国と国とが色分けされており、その境目に明瞭な線が引かれているが、本書で説明されているように、中世のヨーロッパとは、神聖ローマ帝国、カトリック教会、さまざまな君主や公国君主、都市や市、地方の封建領主など、さまざまな権威が重なり合うようにして存在していたヘテロノミーの世界であった。それを描き出したのが、本書五〇ページの地図3のカタロニアの地中海の地図である。そこから、従来のリアリストの国際関係論における説明では、一六四八年のウェストファリアの講和によって主権国家から成る国際社会が一息で誕生されたとされ、この主権国家から成る体制は「ウェストファリア体制」と呼ばれてきた。だが、近年、こうした見方は「ウェストファリアの神話」であるとされ、疑問視されるようになってきている。実際には「主権」や「主権国家」という概念、「主権国家同士を対等とみなす」考え方は、一六世紀から一八世紀にかけて、より長い時間軸のなかで、徐々に発達、定着していったものであるからである。一六世紀に、主権的な概念、さらには近代的な主権概念が、イングランドやフランスなど西ヨーロッパで登場してきたのには、ローマ教皇を頂点とするカトリック教会という宗教的な権威からの、王権という世俗的権威の分離・独立という、特有の時代背景が大きい。ここで主権者として想定されていたのは、当然のように君主であり、主権は国民にあるとする考え方が最初に生まれ、発展してゆくのは、その先の時代、一七世紀から一八世紀にかけてである。さらに大きく時代を経て、近年になると、主権は「国際法」や「個人の権利」などによって実質的に狭められるようになってきた。こうした点に着目すると、主権という概念そのものが、永遠不変の概念ではなく、時間軸のなかで移り変わってきたものであるということがわかる。このように考えると、主権を、人々に共有された、共通の価値であり、人々の意識の相互作用として社会的に形成された規範として理解するコンストラクティヴィズム的な説明は、しっくりとくるものがある。

リアリストの国際関係論による説明では、この一六四八年に誕生したとされる「ウェストファリア体制」もしくは「主権国家体制」は、現在に至るまで続いているとされている。しかし、この説明では、本書四七ページの地図2に見られるようなヨーロッパ外に広がっていた広大な諸帝国が見のがされているのである。本書では、この「帝国から成る世界」が考察の対象として全面的に入っており、主権国家体制が全世界に広がったのは一九七〇年代という比較的最近の出来事であるということが説明され、また、「帝国から成る世界」から「主権国家から成る世界」への移行が説明されている。つまり、従来のリアリストが著す「国際関係論」ないし「国際政治論」では、「国際」という名がつきながら、ヨーロッパ諸国とアメリカと日本、あるいはこれにソヴィエトを加えた数ヵ国だけが考察の主要な対象であったのに対して、本書は、「国際」という名によりふさわしく、ほぼ全世界が考察の対象となっているのである。

本書のような「国際関係論」が書かれる背景となっているのは、中国やインドの大国としての台頭、東南アジア諸国の台頭に顕著に見られるような非西洋諸国の台頭もしくは復権、あるいはこれらにオーストラリアとニュージーランドなどの太平洋諸国を加えたアジア太平洋諸国の台頭である。比較的近年までは、西ヨーロッパの主要国やアメリカ、日本、ソヴィエト（ロシア）を主要な考察対象として論ずればよかったが、そうではなくなってきたのである。つまり、現代の「国際関係論」としては、西洋世界以外の広い世界を「付け足し」として記述するのではなく、議論のなかに本格的に組み入れざるを得なくなってきたのである。国際秩序が大きく変容するなかにあって、従来の「国際関係論」や「国際政治論」の入門書では、必ずしも十分とは言えない部分が出てきたので、新時代の国際関係の入門書としてまったく新たに執筆されたのが本書なのである。

参考文献

大矢根聡編『コンストラクティヴィズムの国際関係論』（有斐閣、二〇一三年）
中西寛、石田淳、田所昌幸『国際政治学』（有斐閣、二〇一三年）
細谷雄一『国際秩序――18世紀のヨーロッパから21世紀のアジアへ』（中公新書、二〇一二年）
村田晃嗣、君塚直隆、石川卓、栗栖薫子、秋山信将『国際政治をつかむ〔新版〕』（有斐閣、二〇一五年）
山田高敬、大矢根聡編『グローバル社会の国際関係論〔新版〕』（有斐閣、二〇一一年）

パワーを持ちうる、ということも広く認められている。[英語のパワー(power)は日本語において、「権力」「国力」などと、より限定された意味に訳されることが多いが、これらの語よりもさらに幅の広い概念を表す語であるので、誤解を避けるために、本書では「パワー」というカタカナ語を用いる。]

フェミニズム(Feminism):政治や社会に関しての一般的な理論的観点の一つで、国際関係論においては、より具体的に、性やジェンダーの不平等によって生み出されたパワーの階層性、搾取のパターン、暴力の形態を強調する考え方。

ブレグジット(Brexit):イギリスのヨーロッパ連合からの離脱を指す用語。

ヘテロノミー(heteronomy):同一の地理的空間内に(君主、帝国、都市、宗教制度などの)権威の中心が多数、同時に存在することを指す。これら複数の権威の中心は、互いに重なっており、排他的ではない権限をもつ。中世ヨーロッパは、政治的権威がヘテロノミー的に編成されている古典的な例。

保護する責任(Responsibility to Protect)(R2P):国家主権は、その国が自国民を保護する責任を果たす場合にのみ有効であるとする教義で、国家がその責務を果たさない場合は、国際社会が、その国家に代わってその国の国民を保護する責任を有するとする立場。

ポスト・コロニアリズム(Postcolonialism):ヨーロッパ諸国による帝国主義の政治的、経済的、文化的影響を重視する国際関係論の理論的観点の一つ。とくに強調されているのは、永続的なグローバルな規模の人種間の隔たりと、現在も進行している人種間の格差拡大によって生み出されている格差。

ヨーロッパ連合[「欧州連合」とも呼ぶ](European Union):ヨーロッパ諸国によって構成される超国家的な機関で、政治的、経済的、文化的な統合を促進させ、安全保障、経済、環境、人権などの分野での協力を円滑にするためのもの。

リアリズム(Realism):国際関係論の理論的観点の一つで、自己の利益を追求し互いに対立するグループ間——通常は主権国家間——のパワーを求める闘争を強調する見方。

ルネサンス(Renaissance):ヨーロッパ史の歴史区分における14世紀から17世紀までの時期で、文化、経済、政治、哲学、自然科学などの分野で急速で独創的な発展を遂げた時期として特徴づけられている時代。

存在論（ontology）：［存在者の個別の性質を問うのではなく］存在そのものについての学問もしくは考え方。とくに、何が自然界や社会を構成するのか、について問うこと。

多極（multipolar）：国際システムにおけるパワーが、少数の大国――通常は5ヵ国から7ヵ国――に分散している状態。

多国間外交、多国間主義（multilateralism）：互いに拘束力を有する規範あるいはルールに基づいた3ヵ国間、もしくはそれ以上の数の国々間の協力。

多国籍（transnational）：主権国家の国境を越える過程、行為、現象。

超国家的な（supranational）：主権国家を超える、もしくは上回る政治的権威もしくは法的権威を有する制度や機関。例としては、ヨーロッパ連合や国際連合。

帝国（empire）：政治的編成の一形態であり、このなかでは、一つの帝国主義的な国家が、多様な人々や政体に最上位の権威を行使する。この権威は、通常、［強国、大国が、自国の外に領土、植民地（入植地）、自治領などを保有、領有した］ローマ、スペイン、イギリスの各帝国のように公式のものであるが、論者によっては、1945年以降のアメリカのように、［他国を保有、領有はしていないが、強い影響力を及ぼすという］非公式のものも含む。

二極（bipolar）：国際システムにおけるパワーが、二つの大国によって占められている状態。

二国間主義（bilateralism）：二国間による協調。

認識論（epistemology）：知識［や認識］の性質や起源について考察する学問もしくは考え方。

覇権（hegemony）：政治的リーダーシップの一形態。このもとで、支配的な国（覇権国）は、ほかの国々から、集団全体の利益となるやり方で国際関係を形成することにおいて、特別な権利と責任を有するとみなされている。この用語は、また、ある考え方や習慣が支配的な位置を占めていることを指すものとして、より広い意味でも用いられる。たとえば、西洋の文化的覇権。

パワー（power）：一連の目標を達成しうる能力、もしくは他者の行動を形成しうる能力、もしくは変革を起こし得る能力。パワーは、一般的には、特定の社会関係における、特定のアクターの属性とみなされている。しかしながら、法体系のような制度もパワーを持っているとされているように、社会的構造――たとえば、経済の偏りのある編成――も同様に国。

GDP（PPP）：購買力平価をもとに算出された国内総生産。PPPに関しては以下の［英語の］説明を参照：https://ourworldindata.org/what-are-ppps

G20：20ヵ国から成るグループ（The Group of Twenty）。19ヵ国の国々とヨーロッパ連合によって構成される国際経済フォーラム。

社会契約（social contract）：国家の権威は、個人の同意に由来するとする考え方。想像上の契約のもと、国家が国民の権利を保護し、社会的、政治的秩序を維持することを条件に、個人が生来的な自由を一部譲り渡し、国家の権威を受け入れる、とする考え方。

自由主義、リベラリズム（Liberalism）：一般的な政治理論で、個人の権利や利益を重視するという立場。その結果、人々の意志を、政治的権威の唯一の真の源泉であるとする考え方。国際関係論に応用した場合は、民主主義の重要性、多国間による協力、国際法のルール、人権、自由貿易を重視するという立場［日本のジャーナリズムなどでは英語の「liberal」をカタカナ語化させた「リベラル」という用語を「保守」に対する対義語として、より限定的な意味で用いることが多い。そこで本書ではこの用法と区別するために、やや煩雑にはなるが、一般的な政治理論を指す場合の「liberal」を「自由主義」と訳し、国際関係論の学派としての「Liberalism」「libaral」を指す場合は「リベラリズム」「リベラル」また「リベラリズム」を唱える論者を「リベラル派」と訳す］。

主権（sovereignty）：国家を、その領域内における至高の権威であるとし、領域の外においても、国家は、それ以上の権威を認める必要はないとする原則。

政治的権威（political authority）：正統なものとみなされている政治的パワー。

制度（institution）：アクターのアイデンティティ、利益、行動を形作る、公式もしくは非公式の一連のルール、規範、慣習。

正統さ（legitimacy）：良い、もしくは正しいと考えられているアクター、制度、行動の性質、属性（例：国連安全保障理事会は正統さを有している）。

宗主権（suzerainty）［**東アジアにおいては「冊封体制」**］：ある政体［「宗主国」］（通常は帝国）が、別の政体［「冊封国」「朝貢国」「「藩属国」「服属国」「付庸国（ふようこく）」］に勝る権威を有するものの、その別の政体が、とくに国内向けに、かなりの独立性を保った状態にとどまる政治的権威の一形態。［東アジアにおける］中国帝国と、日本、韓国、ベトナムとの関係は、しばしば、「冊封体制」と記述される。

用語解説

アナーキー（anarchy）：国際関係論学者が用いる専門用語で、主権国家から成るシステムのように、中心となる政治的権威を欠いた政治システムを指す［英単語の「anarchy」の一般的な意味である「無政府状態」「無統制」「無秩序」「混乱」「乱脈」などは必ずしも意味せず、「秩序あるアナーキー」のような用い方もする］。

アフリカ連合（African Union）：アフリカ大陸全土にまたがる55の加盟国から成る超国家的な機関。

英国学派（English School）：国際関係論における理論的観点の一つ。英国学派の考え方では、世界政府が存在していない状態においても、主権国家諸国は国際社会を築くことが可能で、この国際社会は共通の利益によって活気づけられ、共通のルールによって特徴づけられ、国際制度によって支えられている。

階層（hierarchy）：アクターや制度間の上下関係に関する社会的に容認されたランクづけ。（別項で解説する）覇権は、国際関係における階層の一つの例であり、ほかの例としては、大国が、ほかの諸国に及ぼす特権的な役割。

グローバル・サウス（Global South）：アジア、アフリカ、ラテン・アメリカ、カリブ海、太平洋の低中所得国を指すものとして広く用いられている用語。

国家（state）：政治的、行政的制度。国際関係論において最も典型的な例とされる種類の国家は主権国家である。主権国家は、明示された領土的な境界の内側においては、排他的な政治的権威を享受する。しかしながら、歴史的に見れば、国家にはさまざまな種類のものがあり、そのなかで最も一般的であったのは帝国国家である。

コンストラクティヴィズム（Constructivism）：国際関係において社会構成的な要素を重視する理論的観点。殊に、社会的な規範や慣習が、アクターのアイデンティティ、利益、行動をどのようにつかさどるのか、に重きを置く考え方。

G77：途上国による世界最大の国際的な連合。参加国は2019年時点で134ヵ

融危機は世界をどう変えたのか（上下）』みすず書房、2020年］

■第6章　権利

Mary Ann Glendon, *A World Made New: Eleanor Roosevelt and the Universal Declaration of Human Rights* (New York: Random House, 2001).

Stephen Hopgood, Jack Snyder, and Leslie Vinjamuri (eds), *Human Rights Futures* (Cambridge: Cambridge University Press, 2017).

Lynn Hunt, *Inventing Human Rights* (New York: Norton, 2008).［松浦義弘訳『人権を創造する』岩波書店、2011年］

Margaret Keck and Kathryn Sikkink, *Activists beyond Borders* (Ithaca, NY: Cornell University Press, 1998).

Beth Simmons, *Mobilizing for Human Rights: International Law and Domestic Politics* (Cambridge, MA: Harvard University Press, 2009).

Julia Suarez-Krabbe, *Race, Rights and Rebels: Alternatives to Human Rights and Development from the Global South* (Lanham: Rowman and Littlefield, 2015).

■第7章　文化

Amitav Acharya, *Civilizations in Embrace: The Spread of Ideas and the Transformation of Power; India and Southeast Asia in the Classical Age* (Singapore: Institute for Southeast Asian Studies, 2012).

Alexander Anievas, Nivi Manchanda, and Robbie Shilliam (eds), *Race and Racism in International Relations* (London: Routledge, 2014).

Peter J. Katzenstein (ed.), *Civilizations in World Politics* (New York: Routledge, 2009).

Andrew Phillips and Christian Reus-Smit (eds), *Culture and Order in World Politics* (Cambridge: Cambridge University Press, 2020).

Elizabeth Shakman Hurd, *Beyond Religious Freedom: The New Global Politics of Religion* (Princeton, NJ: Princeton University Press, 2015).

Cornelia Navari and Daniel Green (eds), *Guide to the English School in International Studies* (Chichester: John Wiley & Sons, 2014).

Sanjay Seth (ed.), *Postcolonial Theory and International Relations* (London: Routledge, 2013).

Jacqui True, *The Political Economy of Violence Against Women* (Oxford: Oxford University Press, 2012).

■第4章　戦争

Severine Autesserre, *The Trouble with the Congo: Local Violence and the Failure of International Peacebuilding* (Cambridge: Cambridge University Press, 2010).

Janina Dill, *Legitimate Targets: Social Construction, International Law, and US Bombing* (Cambridge: Cambridge University Press, 2014).

Beatrice Heuser, *The Evolution of Strategy: Thinking War from Antiquity to the Present* (Cambridge: Cambridge University Press, 2010).

Isabel V. Hull, *A Scrap of Paper: Breaking and Making International Law during the Great War* (Ithaca, NY: Cornell University Press, 2014).

Hew Strachan and Sibylle Scheipers (eds), *The Changing Character of War* (Oxford: Oxford University Press, 2011).

■第5章　経済

For the old view of European take-off, see Douglass C. North and Robert P. Thomas, *The Rise of the Western World* (Cambridge: Cambridge University Press, 1973)［速水融、穐本洋哉訳『西欧世界の勃興（新装版）』ミネルヴァ書房、2014年］, and for the argument about globalization from Asia and the Middle East, see John M. Hobson, *The Eastern Origins of Western Civilization* (Cambridge: Cambridge University Press, 2004).

Jacqueline Best, *Governing Failure: Provisional Expertise and the Transformation of Global Development Finance* (Cambridge: Cambridge University Press, 2014).

Patricia Clavin, *Securing the World Economy: The Reinvention of the League of Nations, 1920–1946* (Oxford: Oxford University Press, 2016).

Penny Griffin, *Gendering the World Bank: Neoliberalism and the Gendered Foundations of Global Governance* (London: Palgrave, 2009).

Branko Milanovic, *Global Inequality: A New Approach for the Age of Globalization* (Cambridge, MA: Belknap Press, 2016).

Adam Tooze, *Crashed: How a Decade of Financial Crises Changed the World* (Harmondsworth: Penguin, 2019).［江口泰子、月沢李歌子訳『暴落――金

推奨参考文献

■第1章　国際関係とは何か

John Baylis, Steve Smith, and Patricia Owens (eds), *The Globalization of World Politics* (Oxford: Oxford University Press, 2020 Eighth Edition).

Michael Zurn, *A Theory of Global Governance* (Oxford: Oxford University Press, 2018).

■第2章　政治的権威のグローバルな編成

Jane Burbank and Frederick Cooper, *Empires in World History* (Princeton, NJ: Princeton University Press, 2010).

Barry Buzan and George Lawson, *The Global Transformation: History, Modernity, and the Making of International Relations* (Cambridge: Cambridge University Press, 2015).

Jean L. Cohen, *Globalization and Sovereignty: Rethinking Legality, Legitimacy, and Constitutionalism* (Cambridge: Cambridge University Press, 2012).

Tim Dunne and Christian Reus-Smit (eds), *The Globalization of International Society* (Oxford: Oxford University Press, 2017).

Ayse Zarakol, *After Defeat: How the East Learned to Live with the West* (Cambridge: Cambridge University Press, 2011).

■第3章　理論はあなたの友達

Geeta Chowdhry and Sheila Nair, 'Introduction: Power in a Postcolonial World: Race, Gender, and Class in International Relations', in Geeta Chowdhry and Sheila Nair (eds), *Power, Postcolonialism and International Relations* (London: Routledge, 2002).

Michael Doyle, *Ways of War and Peace: Realism, Liberalism, and Socialism* (New York: Norton, 1997).

Martha Finnemore, *National Interests in International Society* (Ithaca, NY: Cornell University Press, 1996).

Jennifer Sterling Folker, *Realism and Global Governance* (London: Taylor and Francis, 2019).

Beate Jahn, *Liberal Internationalism: Theory, History, Practice* (London: Palgrave, 2013).

History (London: Allen Lane, 2014), p. 8.［伏見威蕃訳『国際秩序（上・下）』日経ビジネス人文庫、2022年］

Charles A. Kupchan, *No One's World: The West, The Rising Rest, and the Coming Global Turn* (Oxford: Oxford University Press, 2012), p. 32.

Mark Mazower, *No Enchanted Palace: The End of Empire and the Ideological Origins of the United Nations* (Princeton, NJ: Princeton University Press, 2009).［池田年穂訳『国連と帝国――世界秩序をめぐる攻防の20世紀』慶應義塾大学出版会、2015年］

President Barack Obama, 'President Obama's UN Speech: Defending World Order', 24 September 2014. https://obamawhitehouse. archives.gov/the-press-office/2014/09/24/remarks-presidentobama- address-united-nations-general-assembly (accessed 29 December 2017).

Christian Reus-Smit, *On Cultural Diversity: International Theory in a World of Difference* (Cambridge: Cambridge University Press, 2018); and Andrew Phillips and Christian Reus-Smit (eds), *Culture and Order in World Politics* (Cambridge: Cambridge University Press, 2019).

Amartya Sen, *Identity and Violence: The Illusion of Destiny* (Harmondsworth: Penguin, 2006), pp. xii–xiii.［東郷えりか訳『アイデンティティと暴力――運命は幻想である』勁草書房、2011年］

Ann Swidler, 'Culture in Action: Symbols and Strategies', *American Sociological Review*, 5:2 (1986), 273–86.

President Donald J. Trump, 'Remarks by President Trump to the People of Poland, July 6, 2017', p. 12. https://www.whitehouse.gov/ the-press-office/2017/07/06/ remarks-president-trump-peoplepoland- july-6-2017 (accessed 11 December 2017).

Martin Wight, *Systems of States* (Leicester: University of Leicester Press, 1977), pp. 33, 238.

Raymond Williams, *Keywords: A Vocabulary of Culture and Society* (London: Fourth Estate, 2014), p. 84.［椎名美智ほか訳『完訳キーワード事典』平凡社ライブラリー、2011年／岡崎康一訳『キイワード辞典』晶文社、1980年］

Ayse Zarakol, 'The Ottomans and Diversity', in Andrew Phillips and Christian Reus-Smit (eds), *Culture and Order in World Politics* (Cambridge: Cambridge University Press, 2019), Chapter 3.

NY: Cornell University Press, 1995).
John Locke, *Two Treatises of Government* (Cambridge: Cambridge University Press, 1988), p. 279.［加藤節訳『完訳 統治二論』岩波文庫、2010年／伊藤宏之訳『全訳 統治論』柏書房、1997年（八朔社、2020年）ほか］
Samuel Moyn, *The Last Utopia: Human Rights in History* (Cambridge, MA: Harvard University Press, 2010). For extended critiques of Moyn's argument, see Christian Reus-Smit, *Individual Rights and the Making of the International System* (Cambridge: Cambridge University Press, 2013); and Kathryn Sikkink, *Evidence for Hope: Making Human Rights Work in the 20th Century* (Princeton, NJ: Princeton University Press, 2017).
Christian Reus-Smit, *Individual Rights and the Making of the International System* (Cambridge: Cambridge University Press, 2013).
Christian Reus-Smit, *Individual Rights and the Making of the International System* (Cambridge: Cambridge University Press, 2013), p. 154.
Thomas Risse, Stephen C. Ropp, and Kathryn Sikkink (eds), *The Power of Human Rights: International Norms and Domestic Change* (Cambridge: Cambridge University Press, 1999).
Thomase Risse, Stephen C. Ropp, and Kathryn Sikkink (eds), *The Persistent Power of Human Rights* (Cambridge: Cambridge University Press, 2013).
United Nations, *Universal Declaration of Human Rights*. http://www. un.org/en/udhrbook/pdf/udhr_booklet_en_web.pdf

■第7章　文化

Karen Barkey, *Empire of Difference: The Ottomans in Comparative Perspective* (Cambridge: Cambridge University Press, 2008), p. 8.
Pamela Kyle Crossley, *A Translucent Mirror: History and Identity in Qing Imperial Ideology* (Berkeley: University of California Press, 1999), p. 31.
Terry Eagleton, *Culture* (New Haven, CT: Yale University Press, 2016), p. 1.
G. John Ikenberry, 'Liberal Internationalism and Cultural Diversity', in Andrew Phillips and Christian Reus-Smit (eds), *Culture and Order in World Politics* (Cambridge: Cambridge University Press, 2019), p. 146.
Image of Qianlong Emperor as Manjushri, Buddhist Bodhisattva of Wisdom. https://www.freersackler.si.edu/object/F2000.4/
Robert Jackson, *The Global Covenant* (Oxford: Oxford University Press, 2000), pp. 112, 106.
Henry Kissinger, *World Order: Reflections on the Character of Nations and the Course of*

Jeremy Rifkin, 'The 2016 World Economic Forum Misfires with its Fourth Industrial Revolution', *Huffpost*, 14 January 2016. https:// www.huffpost.com/entry/the-2016-world-economic-f_b_8975326

Klaus Schwab, 'The Fourth Industrial Revolution: What it Means, and How to Respond', *World Economic Forum: Global Agenda*, 14 January 2016. https://www.weforum.org/agenda/2016/01/ the-fourth-industrial-revolution-what-it-means-and-how-to-respond/

These GDP figures are calculated by Purchasing Power Parity (PPP). A graphic illustration of changes in national GDP since 1800 can be found at: https:// www.youtube.com/watch?v=4-2nqd6-ZXg

United Nations Conference on Trade and Development (UNCTAD), 'South-South Integration is Key to Rebalancing the Global Economy', *UNCTAD POLICY BRIEFS*, No.22, February 2011.

Immanuel Wallerstein, *The Capitalist World Economy* (Cambridge: Cambridge University Press, 1979).［藤瀬浩司、麻沼賢彦、金井雄一訳『資本主義世界経済（1）中核と周辺の不平等』名古屋大学出版会、1987年／日南田靜眞監訳『資本主義世界経済（2）階級・エスニシティの不平等、国際政治』名古屋大学出版会、1987年］

World Inequality Lab, *World Inequality Report 2018*, p. 11. https:// wir2018.wid.world/files/download/wir2018-full-report-english.pdf

WTO (World Trade Organization), *World Trade Report 2013: Factors Shaping the Future of World Trade* (Geneva: WTO Publications, 2013), p. 54 (cited twice). https://www.wto.org/english/res_e/ booksp_e/world_trade_report13_e.pdf

■第6章　権利

Alexander Betts and Phil Orchard (eds), *Implementation and World Politics: How International Norms Change Practice* (Oxford: Oxford University Press, 2014), p. 2.

Ronald Dworkin, *Taking Rights Seriously* (Cambridge, MA: Harvard University Press, 1978), p. 365.［木下毅、小林公、野坂泰司訳『権利論（1-2)』木鐸社、1986-2001年／増補版、2003年］

Joel Feinberg, *Rights, Justice, and the Bounds of Liberty* (Princeton, NJ: Princeton University Press, 1980), p. 151.

Margaret Keck and Kathryn Sikkink, *Activists beyond Borders* (Ithaca, NY: Cornell University Press, 1998).

Audie Klotz, *Norms in International Relations: The Struggle against Apartheid* (Ithaca,

Impact of Terrorism. http://visionofhumanity.org/ app/uploads/2018/12/Global-Terrorism-Index-2018-1.pdf

The Kellogg–Briand Pact, 27 August 1928. http://avalon.law.yale. edu/20th_century/kbpact.asp

Royal Charter to Sir Walter Raleigh 1584. http://avalon.law.yale. edu/16th_century/raleigh.asp

Thucydides, *History of the Peloponnesian War* (Harmondsworth: Penguin, 1972), pp. 401–2, 536–7.［久保正彰訳『トゥーキュディデース 戦史』岩波文庫、1966-67年／小西晴雄訳『トゥキュディデス 歴史』ちくま学芸文庫、2013年／藤縄謙三、城江良和訳『トゥキュディデス 歴史 I・II』京都大学学術出版会、2000-03年ほか］

Max Weber, 'Politics as a Vocation', in H. H. Gerth and C. Wright Mills, *Max Weber* (New York: Oxford University Press, 1970), p. 78.［脇圭平訳『職業としての政治』岩波文庫、1980年／中山元訳『職業としての政治 職業としての学問』日経BPクラシックス、2009年ほか］

■第5章　経済

Eric Helleiner, *Forgotten Foundations of Bretton Woods: International Development and the Making of the Postwar Order* (Ithaca, NY: Cornell University Press, 2016).

Vladimir Lenin, *Imperialism: The Highest Stage of Capitalism* (Harmondsworth: Penguin, 2010).［角田安正訳『帝国主義論』光文社古典新訳文庫、2006年／聴濤弘訳『帝国主義論』新日本出版社、1999年／宇高基輔訳『帝国主義――資本主義の最高の段階としての』岩波文庫、1956年ほか］

McKinsey Global Institute, *Digital Globalization: The New Era of Global Flows*, March 2016. https://www.mckinsey.com/~/media/

McKinsey/Business%20Functions/McKinsey%20Digital/Our%20 Insights/Digital%20globalization%20The%20new%20era%20 of%20global%20flows/MGI-Digital-globalization-Full-report.ashx

OECD (Organization for Economic Co-operation and Development), *Economic Outlook*, No.89 (May 2011), pp. 290–1.

Esteban Ortiz-Ospina, Diana Beltekian, and Max Roser, 'Trade and Globalization', *Our World in Data*, October 2018. https:// ourworldindata.org/trade-and-globalization

Reserve Bank of Australia, 'The International Trade in Services', *Bulletin* (March 2019). https://www.rba.gov.au/publications/ bulletin/2019/mar/the-international-trade-in-services.html

Oxford University Press, 2008), pp. 3–40.
John Gerard Ruggie, 'Territoriality and Beyond: Problematizing Modernity in International Relations', *International Organization*, 47:1 (1993), pp. 3–50.
Edward Said, *Culture and Imperialism* (New York: Alfred A. Knopf, 1993), p. 19. ［大橋洋一訳『文化と帝国主義（1・2）』みすず書房、1998-2001年］
Laura Sjoberg, *Gendering Global Conflict* (New York: Columbia University Press, 2013).
Quentin Skinner, *Visions of Politics: Volume 1, Regarding Method* (Cambridge: Cambridge University Press, 2002), p. 15.
J. Ann Ticker, *Gender in International Relations* (New York: Columbia University Press, 1992). ［進藤久美子、進藤榮一訳『国際関係論とジェンダー――安全保障のフェミニズムの見方』岩波書店、2005年］
Jacqui True, *The Political Economy of Violence against Women* (Oxford: Oxford University Press, 2012).
Kenneth Waltz, *Theory of International Politics* (New York: Random House, 1979). ［河野勝、岡垣知子訳『国際政治の理論』勁草書房、2010年］
Alexander Wendt, *Social Theory of International Politics* (Cambridge: Cambridge University Press, 1999). ［（第１章）三上貴教訳「国際政治における４つの社会学――アレクサンダー・ウェント著『国際政治の社会理論』第１章」『修道法学』25巻１号、2002年］

■第４章　戦争

Hedley Bull, *The Anarchical Society* (New York: Columbia University Press, 1977), p. 185. ［臼杵英一訳『国際社会論――アナーキカル・ソサイエティ』岩波書店、2000年］
The Charter of the United Nations, 26 June 1945. https://www.un. org/en/sections/un-charter/un-charter-full-text/
The Covenant of the League of Nations, 28 June 1919. http://avalon. law.yale.edu/20th_century/leagcov.asp
Lawrence Freedman, *The Future of War: A History* (Penguin: Harmondsworth, 2017), p. x. ［奥山真司訳『戦争の未来――人類はいつも「次の戦争」を予測する』中央公論新社、2021年］
General Act of the Berlin Conference on West Africa, 26 February 1885. https://www.sahistory.org.za/archive/ general-act-berlin-conference-west-africa-26-february-1885
Institute for Economics and Peace, Global Terrorism Index 2018: Measuring the

International Relations (London: Routledge, 2014).
Hedley Bull, *The Anarchical Society: A Study of Order in World Politics* (New York: Columbia University Press, 1977), p. 13.［臼杵英一訳『国際社会論――アナーキカル・ソサイエティ』岩波書店、2000年］
E. H. Carr, *What is History?* (Harmondsworth: Penguin, 1990), p. 11.［近藤和彦訳『歴史とは何か 新版』岩波書店、2022年／清水幾太郎訳『歴史とは何か』岩波新書、1962年］
Cynthia Enloe, *Bananas, Beaches, and Bases* (Berkeley, CA: University of California Press, 1990).［望戸愛果訳『バナナ・ビーチ・軍事基地――国際政治をジェンダーで読み解く』人文書院、2020年］
Cynthia Enloe, *The Big Push: Exposing and Challenging the Persistence of Patriarchy* (Berkeley, CA: University of California Press, 2018).［佐藤文香訳『〈家父長制〉は無敵じゃない――日常からさぐるフェミニストの国際政治』岩波書店、2020年］
Martha Finnemore, *National Interests in International Society* (Ithaca, NY: Cornell University Press, 1996).
John Ikenberry, *Liberal Leviathan* (Princeton, NJ: Princeton University Press, 2011).
Robert Jackson, *The Global Covenant: Human Conduct in a World of States* (Oxford: Oxford University Press, 2000), p. 420.
Immanuel Kant, *Perpetual Peace and Other Essays* (London: Hackett, 1983).［中山元訳『永遠平和のために／啓蒙とは何か 他3編』光文社古典新訳文庫、2006年］
Robert Keohane, *International Institutions and State Power: Essays in International Theory* (Boulder, CO: Westview Press, 1989).
Audie Klotz, *Norms in International Relations* (Ithaca, NY: Cornell University Press, 1995).
Hans J. Morgenthau, *Politics among Nations* (New York: McGraw Hill, 1985).［伊藤皓文、浦野起央訳『国際政治学――力と平和のための闘争』原著第3版、アサヒ社、1963年／現代平和研究会訳『国際政治――権力と平和』原著第5版、福村出版、1986年／原彬久監訳『国際政治――権力と平和』岩波文庫（全3巻)、2013年］
Michael Oakeshott, *Experience and its Modes* (Cambridge: Cambridge University Press, 1933), p. 99.
Christian Reus-Smit and Duncan Snidal, 'Between Utopianism and Realism: The Practical Discourses of International Relations', in Christian Reus-Smit and Duncan Snidal (eds), *The Oxford Handbook of International Relations* (Oxford:

参考文献

■第１章　国際関係とは何か

Raymond Aron, *Peace and War: A Theory of International Relations* (London: Weidenfeld and Nicolson, 1966), p. 4.

Charles Dickens, *Hard Times* (Harmondsworth: Penguin Books, 1969), p. 47. [山村元彦、田中孝信、竹村義和訳『ハード・タイムズ』英宝社、2000年]

Randolph Starn, *Ambrogio Lorenzetti: The Palazzo Pubblico, Siena* (New York: George Braziller, 1994), p. 53.

Martin Wight, 'Why Is There No International Theory', in Herbert Butterfield and Martin Wight (eds), *Diplomatic Investigations: Essays in the Theory of International Relations* (London: George Allen and Unwin, 1966), p. 26. [佐藤誠ほか訳『国際関係理論の探究――英国学派のパラダイム』日本経済評論社、2010年]

■第２章　政治的権威のグローバルな編成

Jordan Branch, *The Cartographic State: Maps, Territory, and the Origins of Sovereignty* (Cambridge: Cambridge University Press, 2014).

Robert Gilpin, *War and Change in World Politics* (Cambridge: Cambridge University Press, 1981). [納家政嗣監訳『覇権国の交代――戦争と変動の国際政治学』勁草書房、2022年]

Edward Keene, *Beyond the Anarchical Society* (Cambridge: Cambridge University Press, 2002).

Christian Reus-Smit, *The Moral Purpose of the State* (Princeton: Princeton University Press, 1999), pp. 12–13.

Christian Reus-Smit, *The Moral Purpose of the State* (Princeton: Princeton University Press, 1999), p. 133.

John Gerard Ruggie, 'Multilateralism: The Anatomy of an Institution', *International Organization* 46:3 (1992), p. 573.

John Gerard Ruggie, 'Territoriality and Beyond: Problematizing Modernity in International Relations', *International Organization* 47:1 (1993), pp. 164–5.

■第３章　理論は友達

Alexander Anievas, Nivi Marchanda, and Robbie Shilliam (eds), *Race and Racism in*

ま行

や・ら行

な行

は行

た行

さ行

か行

索　引

あ行

●著者

クリスチャン・ルース＝スミット（Christian Reus-Smit）

クイーンズランド大学人文社会学部国際関係論学科教授。ラトローブ大学卒業後、メルボルン大学で修士号、コーネル大学で博士号取得。モナシュ大学上級講師、オーストラリア国立大学教授、同大学アジア太平洋研究所副所長を経て、2013年から現職。著書：*On Cultural Diversity: International Theory in a World of Difference* (Cambridge University Press, 2018), *The Globalisation of International Society* (Editor with Tim Dunne, Oxford University Press, 2017), *Individual Rights and the Making of the International System* (Cambridge University Press, 2013) ほか多数。

●訳者

山本文史（やまもと・ふみひと）

翻訳家、近現代史家。1971年フランス、パリ生まれ。獨協大学外国語学部英語学科卒業、同大学院外国語学研究科英語学専攻博士前期課程修了、シンガポール国立大学人文社会学部歴史学科大学院博士課程修了（Ph. D.）。著訳書：『日英開戦への道――イギリスのシンガポール戦略と日本の南進策の真実』（中公叢書、2016年）、ポール・ケネディ著『イギリス海上覇権の盛衰（上）（下）』（中央公論新社、2020年）、ニーアル・ファーガソン著『大英帝国の歴史（上）（下）』（中央公論新社、2018年）、キショール・マブバニ著『大収斂――膨張する中産階級が世界を変える』（中央公論新社、2015年）ほか。

●シリーズ監修

石津朋之（いしづ・ともゆき）

防衛省防衛研究所戦史研究センター主任研究官。著書・訳書：『戦争学原論』（筑摩書房）、『大戦略の哲人たち』（日本経済新聞出版社）、『リデルハートとリベラルな戦争観』（中央公論新社）、『クラウゼヴィッツと「戦争論」』（共編著、彩流社）、『戦略論』（監訳、勁草書房）など多数。

シリーズ戦争学入門

国際関係論（こくさいかんけいろん）

2023年10月20日　第1版第1刷発行

著　者……………………………………………
クリスチャン・ルース＝スミット
訳　者……………………………………………
山　本　文　史
発行者……………………………………………
矢　部　敬　一
発行所……………………………………………
株式会社 創　元　社
〈ホームページ〉https://www.sogensha.co.jp/
〈本社〉〒541-0047 大阪市中央区淡路町4-3-6
Tel.06-6231-9010(代)
〈東京支店〉〒101-0051 東京都千代田区神田神保町1-2 田辺ビル
Tel.03-6811-0662(代)
印刷所……………………………………………
株式会社 太洋社

ISBN978-4-422-30086-3 C0331